JN098330

質的調査の方法［第3版］

都市・文化・メディアの感じ方

工藤保則
寺岡伸悟
宮垣　元
編

法律文化社

第3版によせて

　『質的調査の方法』は2010年に第1版を，2016年に第2版を刊行しました。多くの方に読んでいただいたおかげで，このたび，第3版を出すことになり，とてもうれしく思っています。

　第2版の「はじめに」に，「この間，社会においていろいろな変化がありました。みなさんにとって身近なことといえば，スマホの普及と，それによってより「手軽に」人や情報とつながれるようになったことではないでしょうか」と書きました。5年前の文章なのに，もう古く感じられます。今ではSNS (Social Networking Service) による人間関係や情報収集は当たり前です。今回の改訂では，そうした時代の調査法として「ソーシャルメディア分析法」を取り入れました。ツイッターやインスタグラムなどを使って自分なりの調査をする学生は，すでに存在しています。しかし，その調査法を社会調査法のひとつとして丁寧に説明した教科書はありませんでした。本書の「ソーシャルメディア分析法」は，みなさんにとってよいアドバイスとなることでしょう。

　その他にも，各章の「練習問題」を新しくしたり，「質的調査のひろがり」という少し長めのコラムを設けたりするなど，全面的なアップデートを施しました。なかでも第12章「質的調査と調査倫理」，第13章「質的調査の表現とふりかえり」は内容を大幅に変更し，なぜこのことを考えなくてはいけないかを問うています。これらを詳しく扱う教科書はまだ多くありませんが，その重要性は一段と増しています。

　「質的調査法」の教科書はいくつかありますが，本書の特徴は「使える」ということです。それは，執筆してくださった方々が，ご自身の経験から得た「コツ」を惜しげもなく披露してくれているからでしょう。使っているうちに，書き手の声が聞こえてくるのではないでしょうか。

2021年12月　　　　　　　　　　　　　　編者を代表して　工藤　保則

もくじ

第Ⅱ部　質的調査の進め方

第Ⅲ部　質的調査のまとめ方

I

質的調査への 入り方

第1章

質的調査へのいざない

☞ すぐ近くにある調査の扉を開けてみよう

① 自分の生活「再」発見

(1) なにげない一日

　月曜の朝。あわてて朝食をとり，駅へと向かう山田くんは大学 3 年生。満員電車を埋めるスーツ姿に混じって，スマホをいじりながら，ようやく大学にたどり着き，教室に向かう。授業には，まじめにでているほうだと思う。週一で英会話スクールにも行く。ここには外国帰りの人も通っていて，たまにある懇親会はなかなかおもしろい。

　次の授業は専門ゼミ。現代社会に関わるテーマを各自で決めて報告する。来月には自分も順番がまわってくるが，テーマがまだ決められない。

　昼食をとって，テニスサークルの部屋に顔を出す。学校でヒマができると，部室に行って仲間とまったりすごしている。いつも一緒にいる連中だが，真剣な話題はあまりしない。「こいつら卒業したらどうするつもりなのかな」と，ちらっと思ったりもする。

　学校が終わってバイトに出かける。駅の近くの商店街の一角にある居酒屋。はじめて 1 ヶ月で，まだ段取りを覚えられない。自分より若い子も働いているが，新米の自分が年下みたいだ。店内のテレビで流れる野球の結果を気にしながら夜遅くまで働いて，ようやく帰宅。親父はまだ帰っておらず，高校生の妹が受験勉強の最中。スマホをいじっているうちにアッという間に 1 時間以上たってしまった。こんなことしてる暇があるなら，ゼミのテーマを考えないといけないのに……。

普段の私たちの生活は，＜いつもと同じように＞＜たいした出来事もなく＞すぎていく。でも，あらためて思い出してみると，朝起きてから夜寝るまでの間に，いくつかの＜場所＞をわたり歩くようにしてすごしていることに気づく。そうした場所には，おなじみの人がいて，おなじみのモノがあり，そこですごすおなじみのルールや雰囲気がある。私たちはたいていそこで，それぞれの場に相応しいキャラ（役割）をもっている。

(2) やってみよう──自分マップで見るまわりの世界

　普段の自分の生活のなかにある，こうした＜場所＞に気づくために，**図表1－1**を用意してみた。遊びのつもりでやってみてほしい。まず，真ん中の＜名前＞のところに自分の名前を書く。図では，楕円形の＜名前＞ゾーンを8つのボックスが取り囲んでいる。そのボックスひとつが，あなたが住んだり，立ち寄ったりしている＜場所＞だとしよう。ひとつのボックスにひとつずつ，あなたの生活のなかにある場所を記入してほしい。朝起きてから寝るまでを順番に思い出し，さらに平日と日曜のことを思い出してうめていこう。SNSやゲームなども＜場所＞だ。彼／彼女や高校の同級生など，顔をあわせる決まった場所がない場合には，SNSなどのメディアかアプリ名，またはリアルならカフェなどよく会う（または前回会った）場所を書いておくこととしよう。「家」や「学校」はもちろん，社会人なら「職場」も入るだろう。次に，そこに行く時間やペースを＜時間・ペース＞欄に書いてみよう。家や下宿なら＜毎日＞となるし，サークルなら＜週に3回，月・水・金＞となるかもしれない。＜月1回／年1回＞だけど，自分にとって大事な時間もあるかもしれない。時間がはっきり決まっているなら時間も書いてみよう。スマホやネット上のつながりなら，だいたいチェックする時間を書いておこう。「四六時中」という人もいるだろうか。次にその場所にある人間関係を＜関係＞の欄に書いてみてほしい。自宅なら「家族」，大学なら「同級生」「友人」など，思いついた言葉で関係を表現してくれたらよい。「関係」で書くのが難しければ「サークルの部長」「家庭教師」，さらには「（バイト先の）新米店員」など役割やキャラでもいい。遊び心で気楽に書いてみよう。

　思いつく限りボックスが記入できたら，次に，そこに「いる」ときに一番居

図表1-1　自分マップ

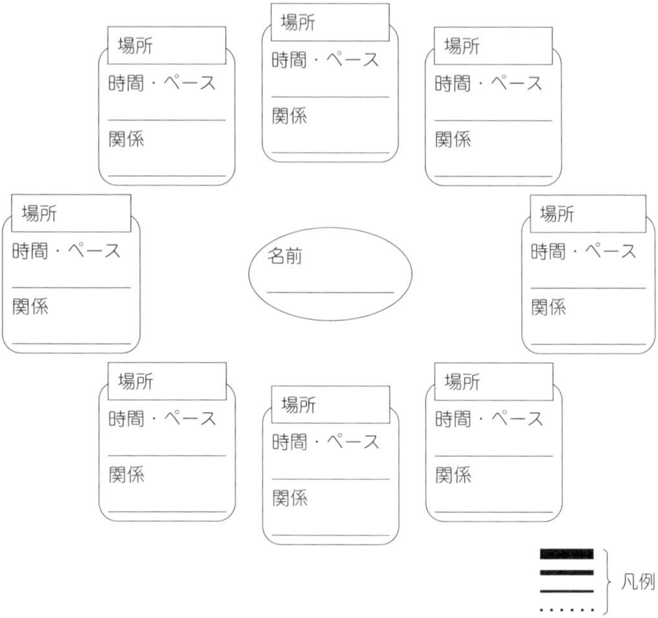

心地のよいボックスをひとつ選び，真中の＜名前＞のゾーンと太い線で結んでみよう。その次に，二番目に居心地のよいボックスを選び，先ほどよりやや細い線で同じように結んでみよう。また逆に，そこにいることが自分にとってネガティブな意味あいのある場所があれば，点線で結んでみよう。

　こうして，ひととおりの作業が終わったら，できあがった図をしばらく眺めてみてほしい。できあがった図は，まさに自分の生活世界を目にみえる形にしたものだ。＜自分マップ＞と呼んでおこう。

　ボックスに記した＜場所＞は，それぞれ自分ならではの小さな＜社会＞のようなものである。「部外者」にはわからない，その場所の雰囲気やルール，人間関係をあなたはたくさん知っている。これらは，社会学で＜社会的世界（social world）＞と呼ばれている立派な研究対象なのだ。

　実は，あなたに書いてもらった自分マップとよく似たマップが，ある社会学者による高齢者の研究で実際に使われている（図表1-2）。『見えない生活』と題されたこの本では，調べる相手となる人たちを「高齢者」などと簡単にひと

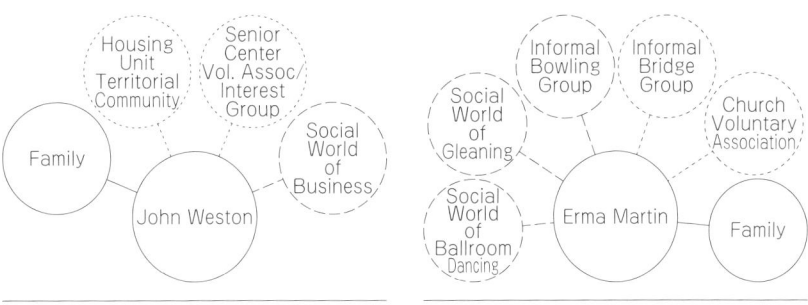

図表 1-2　社会的世界

Figure 2. 1 : Profile of John Weston　　Figure 2. 4 : Profile of Erma Martin

Unruh, D. *Invisible Lives*, SAGE 1983

くくりにせず，一人ひとりの暮らしの世界を丁寧に書いていく。その結果，人びとの経験や思いが目に浮かんでくるような調査研究になっている。

(3)　調査対象に囲まれている

　先に登場した山田くんは，ゼミのテーマ選びに悩んでいた。まるで自分の生活のなかには社会学の調査や研究対象がないかのようだ。しかし，あらためて自分マップを見直してほしい。自分マップを書いたときのように，普段の自分の生活が小さな社会的世界でできていることに気づけば，いろんなものが調査対象になることがわかる。趣味の世界・サークル・友だちから，家族・住んでる地域・観光地・バイト・職場・学校・会社まで。そういった場所のどれかについて，その仕組みや魅力を，他の人にわかるように書いてみるとしよう。それは自分を対象にした社会学のはじまりともいえる。さらに，自分マップに書けなかった，通り道や繁華街，偶然見聞きした出来事，旅行先，好きなSNSなど，普段の生活にあるものを含めれば，調査や研究の対象はどんどん広がっていく。

(4)　「好きだから／理解できないから」のどちらでも──自分の関心との関係

　ではそのなかのどれを選べばよいだろう。もし，自分が好きで，はまっている世界があり，その魅力をみんなに伝えたい，と思えたら，これはひとつの動機になるだろう。自分の好きなことだから，どんどん作業も進むだろう。また

みなさんのなかには、「とくに好きなことは限られてるし」という人がいるかもしれない。「こんなこと調べても、誰も興味ないよ」と思うかもしれない。しかし、いったん他人の立場にたってみるとどうだろう……。その人にとってあたりまえのことでも、私たちには興味深い・ちょっと知りたいことである場合は少なくない。それを調べて他人がおもしろいと思ってくれるか、といった心配はひとまずおき、とりあえず知っていることを（ゼミ仲間や友だちに）語ってみるところからはじめてほしい。

　また、調査をはじめるにあたって、まったく逆の動機もあり得る。みなさんのまわりに、「こんなものがなぜ楽しいのか、はまっている人の気持ちがさっぱりわからない」というような事柄や人たちはいないだろうか。こんな気持ちも、立派な調査の動機になる。

② 調査が進むと知りたくなる──方法・作法・まとめ方

(1) 方法は多彩

　調べてみよう／みんなに伝えようという対象が決まったら、次はどのようにするかだ。これも、調べると決めた世界をいきいきと人に伝えるためにどうするかと考えればいろいろと思いつく。

　たとえば、山田くんのバイト先の居酒屋だ。商店街のなかでも随分人気店であるという。この人気の秘密を探ってみたい。人気があるということは客が多いということだ。では、ただ「多い」というだけでなく、いつごろ・どんな客が多いのかを＜観察＞するところからはじめたらどうだろう。あらためてよくみていると、意外なことに気づくかもしれない。ただし、観察するといっても目にみえることのすべてを記録するのは無理だ。年齢・性別・何人連れかなど、客の何を観察するのか、これまでのバイト経験を活かしながら考えていく。いざ観察を行うとなると、友だちや店の協力がいるかもしれない。＜観察法＞は、「調べる」という気持ちから、慣れ親しんだ世界にあらためて関心を向ける調査出発の方法であり、また、自分が直接話を聞けないような対象を調べる際にも大切な方法だ。こうした方法については、いろんな調査方法を個別に説明し

た本書の第Ⅱ部で学ぼう。観察法は第Ⅱ部のはじめだ（第4章）。

　さて，自分がこの場所にバイトという「役割」で参加していることを利用しない手はない。はじめてこの店に足を踏み入れたときの記憶や，調査をすると決めてからの自分の行動や会話，そこで思ったことなど，記録できればデータになる。自分自身も調査対象の一部というこの不思議で微妙な調査法は，＜参与観察法＞で学ぼう（第5章）。

　客たちは，この店のどこを気に入っているのだろう。直接尋ねてみるとたくさんのことがわかるだろう。＜インタビュー＞だ。たんに「料理がおいしい」というだけか。店員，常連客などそれぞれの人たちの意見が，今この店が人びとにとってどういう存在なのかを多面的に明らかにしてくれるだろう（第6章）。

　店主の人柄が客をひきつけているのかもしれない。経営者の＜ライフストーリー＞を聞き，街や人生とともに歩んだこの店の歴史，経営者の店にかける思い・こだわりを教えてもらうことができれば，大きなヒントになるに違いない（第7章）。

　商店街で長い歴史を刻んできたことは，この店の魅力に関係ないだろうか。商店会の会報や雑誌のバックナンバーなどがあれば，町と店の歴史や町におけるこの店の位置づけがわかるかもしれない。こうした＜雑誌分析＞もいい方法だ（第8章）。いつも賑やかなこの店は，一体どんな宣伝をしているのだろう。配っているチラシを集めてみるのもおもしろい。キャッチコピーにこめられた店のメッセージやそれが読み手に与えるイメージはどうだろう。＜文化資料分析法＞で学ぼう（第9章）。本書ではポピュラー音楽の歌詞を題材にこの方法を説明してある。意外なほど人気のこの店は，もしかしたら地元のケーブルテレビでCMを流しているかも知れないし，凝ったホームページを作っているかもしれない。こうした＜映像分析＞（第10章）から，対象のイメージ，メッセージに迫ることも，効果が期待できる調査方法だ。また，この店が，SNS上でどんな風に書かれているかを見てみることも重要だ。SNSなどネットと調査についても本書では一章を設けて解説している（第11章）。

　さらに，本書では，一章をさいて十分ふれられていなかった他の質的調査法2つ（生活財生態学法とアクションリサーチ法）を〈質的調査の広がり〉と名づけて，簡略ながら示してある。これらも是非参考にしてほしい。

⑵ 調査を読みながら「体験」する──第Ⅱ部各章のしくみ

　社会調査はくりかえし行うことだ，経験がものをいう，という人がいる。教科書を読んだだけではわからないよ，という人もいる。そこで第Ⅱ部の各章は，社会調査を実践する先輩である教員たちが，後輩であり読者でもあるみなさんに，自分の経験やそこで得た方法を語るイメージで書かれている。つまり「先輩の調査を擬似的に追体験できる」ようになっているのだ。具体的には，各章とも「はじめる」「しらべる」「かんがえる」「ふりかえる」という4つの節からなっている。各節に含まれる内容を箇条書きで示すと，

```
1  はじめる
　・テーマとの出会い方やテーマのみつけ方
　・発想法やテーマ化のプロセス
　・次節で扱う事例の紹介
2  しらべる
　・調査対象の明確化や限定の重要性
　・資料・データの収集の手順と方法
3  かんがえる
　・資料・データの読みとき
　・分析や考察
4  ふりかえる
　・ふりかえってみて考えること
　・実際に行った調査の他にあり得た可能性
```

となる。
　また各章末には「練習問題」を示しておいた。より詳しく知りたい人のために参考図書の紹介もつけたので活用してほしい。

⑶ 作法とまとめ方

　社会調査は，調査対象があってこそ成り立つ。相手が人間の場合，その人のプライバシーを傷つけないことはもちろん，相手との関係を悪くするようなこともさけたい。本書の第Ⅲ部では，調査を進めていくと当然気になってくるこ

うした調査相手との関係や調査の倫理について説明してある（第12章）。実際に調査をはじめる前にぜひ目を通してほしい。

こうして無事調査が終わりを迎えたら，そろそろ報告の時期がやってくる。第Ⅲ部の後半では，調査レポートの書き方や，発表の仕方について説明しておいた（第13章）。調べたり考えたりしたことを，できるだけうまく表現するために，また，最終報告に必要なデータを集めそこねないために，調査の途中でもときどき読みかえしてほしい。

さて，ここまで読まれたみなさんは，「調査をしたい」「方法を知りたい」と思ってくれたのではないだろうか。しかし，その前に，「調査の先輩たちの歴史（第2章）」，「調査全般をもう少ししっかりと考えてみる（第3章）」からなる第Ⅰ部を読んでみてほしい。

③　練習問題

本章4ページの図表1‐1自分マップを，本文の説明にしたがって描いてみよう。

(1)完成した自分マップから，一番太い線で結ばれたボックスを選び，そこで「自分の日常」について，100字程度で文章にしてみよう。

(2)すべてのボックスを見渡し，「今，自分が大切にしている価値」について考えてみよう。

(3)(1)と(2)を友人のそれと比べ，自分との違いを100字程度の文章にしてみよう。

（寺岡 伸悟）

第2章

質的調査の歴史と考え方

∽ 「調べること」のおもしろさを深めよう

① 海外における質的調査の歴史

　はじめてのことに挑戦するとき，私たちは必ずといってよいほど，先例を知りたいと思う。これまでの質的調査の歴史はどのように展開してきたのか。また調査を実際に進めるなかで生み出されてきた考え方にはどのようなものがあるのか。ここではこうした，いわば調査の先人たちの軌跡を紹介してみたい。

(1)　質的調査のはじまり

　19世紀，ロンドンで労働者の生活調査が実施された。C.ブースによって『ロンドン民衆の生活と労働』として出版されるそれは，社会調査の黎明として有名だ。この調査の目的は，当時すでに大きな問題となっていた貧困とその社会的要因の研究だった。

　質的な調査が本格的に花開いたのは20世紀初頭のアメリカである。当時アメリカは，経済大国への道をまさにひた走っていた。自動車に象徴される消費社会が生まれ，ドライブ・スポーツ・音楽などさまざまな余暇活動・大衆文化が生まれた。こうした発展を支えるため，ヨーロッパやアジアから移民が大量に渡ってくる。異文化が入り混じる大都市が次々と誕生した。やがてさまざまな社会現象や社会問題が発生した。これらをテーマにした調査研究が，当時創設されたばかりのシカゴ大学を中心に行われ，のちに「シカゴ学派（社会学）」と呼ばれるようになる。それは，調査者自らが調査対象の世界に足を踏み入れ，いきいきとした現実をつかみとったものが多かった。こうした作品群は「シカゴ・モノグラフ」（モノグラフとはあるひとつの問題に関する調査研究を記した論文のこと）と呼ばれ，いまでも高く評価されている。

⑵　シカゴ・モノグラフの登場

　その出発点となったのは，トマスとズナニエッキという 2 人の社会学者によ
る，『ヨーロッパとアメリカにおけるポーランド農民』[1918〜20] [1] である。
ポーランドから仕事を求めてアメリカの大都市にやってきた元農民たちが経験
する事柄を徹底した調査で明らかにした大著だ。ここでは，農民たちが家族や
知人に書き送った手紙や新聞記事，元農民の自伝，裁判所の記録などさまざま
な資料が用いられた。

　これに続いて，トマスや，のちにシカゴ大学のスタッフとなったパークらの
指導のもと，次々とシカゴ・モノグラフが出版された。では，そのなかからひ
とつを取り出しシカゴ・モノグラフの雰囲気を紹介しよう。取り上げるのは，
『タクシーダンス・ホール』（ハーベスト社，1932＝2017）という都市の逸脱的な下
位文化の調査である。

　ここで研究対象となったタクシーダンス・ホールとは，アメリカで生まれた
風俗的な有料ダンスホールである。都市生活の脱落者たちの巣窟といわれるも
のの，その当時，実態はよくわからなかった。そこで社会学者クレッシーは，
客としてホールに足を踏み入れて調査をおこない，その＜社会的世界＞の成り
立ちやこうした施設が生まれる背景を，タクシーダンス・ホールに集う人たち
それぞれの視点から明らかにしていった。

　クレッシーは調査によって，「（ホールをひとつの社会的世界に形作る）独自のふ
るまいや話し方，考え方……がある」ことを発見する。そしてそれらは，ダン
サー，客，それぞれの立場や視点からかたち作られていたのだ。

　クレッシーによるダンサーの分析をみよう。そこでは，彼女たちの考え方，
家族，ライフサイクルの順に調査結果がまとめられた。なぜ女性たちはダンサ
ーになってホールに行くのか——彼女たちにとってホールの魅力は，他人に認
められたいという気持ち，新しい経験や興奮への欲求を満たしてくれる場所だ
ということを，調査は明らかにする。クレッシーは彼女たちの生の声を引用し
てその気持ちを記す。

　「あたしは友達をつくりにホールに行ってるんじゃないわよ。あたしはお金
を儲けに行くの。……あたしが仕事に利用するのはさ，他でもない自分の『セ

ックス・アピール』なのよ（48頁）」（あるダンサーの言葉）

　ダンサーの「肉声」で彼女たちの本音を表現する一方，クレッシーは客観的にダンサーをタイプ別に分類し，現場に根ざしたネーミングをする。

　・ナイスガール………ダンサー内で最高のタイプ。十分な魅力をもち，決してデートの約束をしない。
　・スマートガール……自己の利益のために最大限自分の魅力を活用するダンサー。
　・ネバーミスガール…客に思わせぶりに迫るが，その実，彼女を追いかけている客は少ない。やや落ち目のダンサー。
　・セクシーダンサー…先の３タイプになれなかったダンサー。美しくなかったり，年をとったダンサーが多い。

　さらにクレッシーの視線は彼女たちの社会的背景に広がっていく。彼は調査から，ダンサーの出身家庭の多くが問題を抱えていることを明らかにする。家族や地域社会から離れた少女がたどり着く場所のひとつがタクシーダンス・ホールなのだ。家庭環境に恵まれない少女たちが「幾つかの社会的世界を地位下降のサイクルを経ながら渡り歩き，最悪の場合，売春へと転落するキャリア」。こうしたライフサイクルを彼はひとつのモデルとして抽出することに成功する。それは「退行的ライフサイクル理論」と名づけられた。

　このようにして，ただスキャンダラスにみられるだけだったダンサーたちを，クレッシーの調査は，本人の心情と社会的背景の双方に目配りして説明し，最後には，ひとつの理論的モデルを生み出すことに成功したのである。

　この他にも，シカゴ・モノグラフは，当時のホームレスを対象にした調査（『ホーボー』），ギャング（『ギャング』），ホテル暮らしをする人びと（『ホテルライフ』），デパートの売り子（『セールスレディ』）など，社会生活のさまざまな場面，さまざまな人びとを調査対象とし，その世界をいきいきと描き出した。そしてそのどれもが，たんなる現場の記述を越えて，そこに「都市生活とは何か」「なぜ彼ら／彼女たちはそのようになっていくのか」を説明できる理論を生み出そうと格闘している。

　シカゴの世界にはじまった社会学の質的調査は，その後どんどん広がりをみせていく。

　1929年には，社会学的地域調査の出発点とされる『ミドゥルタウン』が出版

される。これは，アメリカの地方都市の実相を，生活費獲得，家庭管理，青少年の訓育，余暇利用，宗教的慣行への関与，地域活動への関与の 6 側面から明らかにしたものである。著者のリンド夫妻は，この都市に 1 年以上居住した。調査についての覚え書きによると「調査スタッフは各人がアパートか一般家庭の部屋を借りてそこで暮らし，あらゆる可能な方法で当市の人々と同じ生活を営み，ミドゥルタウンの他のどの住民もそうしたと思われるように，友人をつくり，地域での結びつきに加わ」った（251頁）。この調査では，聞き取りや参与観察などの質的方法と，アンケートなどの量的方法がともに用いられている。第二次世界大戦後は，計量的調査が盛んに行われるようになるが，同時に，シカゴ学派の流れを汲む人たちが，質的調査を着実に進めていき，1960年代の後半には，グラウンデッド・セオリーと呼ばれる，質的データを整理分析し，概念を作り出す方法が開発された。その後も，さまざまな質的調査が欧米の社会学で行われ，とくに1980年代以降は，質的調査があらためて脚光を浴びるにいたった。従来のフィールドワーク的な調査法に加えて，会話分析など新たな方法やそれを支える理論も登場し，今日，質的調査は活況を呈している。

② 日本における質的調査の歴史

(1) 民俗学と農村調査——質的調査のはじまり

　日本にも質的研究の歴史がある。社会学の質的研究の前史としては，民俗学の調査が挙げられるだろう。民俗学は，日本の庶民生活や文化，心性を調べ考える営みを続けてきた，日本の質的研究の重要な伝統である。柳田國男『明治大正史世相編』など，歴史社会学的研究の古典となっているものもある。

　その後，戦後から1970年代までは，農村を主たる対象とした地域調査が活発に行われてきた。こうしたなかでは聞き取りや観察などの質的調査法が中心的役割を占めた。この時期には，現在につながる重要な成果が生み出されている。民俗学者の一人，宮本常一は全国を歩き，多くの民俗誌を残した。『忘れられた日本人』などが有名だ。民俗学のなかでも重要な方法である生活史の聞き取りについては，社会学者・中野卓の仕事（『口述の生活史』）がよく知られている。

また，集めたデータをどのように整理し分析するかという点においても，重要な成果が生まれている。

(2)　発想法の時代

その代表的なものとして，川喜田二郎の『発想法』（中公新書，1967）や『続発想法』（中公新書，1970），加藤秀俊の『整理学』（中公新書，1963）や『取材学』（中公新書，1975），梅棹忠夫の『知的生産の技術』（岩波新書，1969），などを挙げることができる。グローバルな視野と活躍で知られる彼らは，みな，日本農村を調査した経験をもつフィールドワーカーでもある。上記の本に書かれていたのは「情報整理」の「方法」であるが，間違いなくそこには質的な情報の分析やテーマ化についての問題認識があった。

当時の日本は，「大衆教育社会」の完成期と呼ばれた。大規模に拡大した教育を基盤に形成された大衆社会であり，中流意識が多かった時代でもある。

その時代はまた「情報化社会」の入口でもあった。梅棹忠夫は工業社会に続く次の社会は情報社会であり，それは人びとが「知的生産」を行う社会であると考えた。加藤秀俊も情報化社会では「人間がどういうふうに情報を使い，それをどういうふうに生活に組み込んでいるかという問いを発し続けなければならない」（加藤『取材学』）と述べた。ここでは情報の整理という言葉が創造的に用いられている。

こうしたなかで発明され，いまも広く用いられているのが川喜田二郎による「KJ法」である（川喜田『発想法』）。データに密着した分析から概念を生成する具体的でわかりやすい方法は，発想法（abduction）という認識論に裏打ちされた日本オリジナルの理論だ。似通った問題意識に立つグラウンデッド・セオリーが，同じ年（1967年）にアメリカで発表されたことはたんなる偶然ではないのかもしれない[2]。

(3)　国内における質的調査への期待の拡大

近年の日本では，質的調査の再評価というべき現象が起こっている。こうした変化の先駆けとなった作品は，佐藤郁哉による『暴走族のエスノグラフィー』（新曜社，1984）だろう。このころから，海外の社会学の質的調査論や文化

人類学の質的調査（フィールドワークとエスノグラフィー）に関する議論が国内でも盛んに紹介されるようになった。またフィールドワーク以外の質的調査研究の発展も特筆される。エスノメソドロジーなどの認識論に立つ会話分析や言説分析などがその代表である。また調査対象も本書でも取り上げるような映像資料など，広がりをみせている。日本でも，社会学だけではなく，心理学，経営学なども含め，質的調査が注目される時期に入ったといえるだろう。

③ 調査を続けるための知恵としての「理論」

　社会調査の歴史の積み重ねは，調査についての経験や思索が蓄積されていくということでもある。そこから，質的調査についての理論的考察が生まれてきた。それは，調査を続けていくさいに伴うさまざまな難しさを乗り越える知恵の蓄積でもある。ここでは，そうしたもののなかから，調査に対する考え方（理論）を 2 つだけ，紹介しておく。

(1)　ありのままの状態を──自然主義的方法

　調査に入る前に解釈の枠組みを決めておいてそれをあてはめるかたちではなく，集まった資料（インタビューや観察，映像・文字資料，もちろん自分がそこで経験したことの記録も含まれる）や，そこから考えついたことを土台にして，調査や分析を進めていく研究上の方法を，自然主義的方法と呼ぶ。この考え方を採用すれば，調査している時間，場所，状況に目配りしながら実際の場所でおこっているとおりに調査していくことが大切となる。こうした方法を支える考え方を，シンボリック相互作用論という。シンボリック相互作用論は，「人は，自分の置かれた状況について考え，次の振る舞いを決めていく生き物だ」という人間観にたつ社会学理論のひとつである。それは，調査の場面でいいかえれば，調査対象である人びとの主観的な意味づけや視点を重視するということにつながる。

(2)　導きの糸は自分の心のなか──感情と調査

　調査の途中に，相手に共感したり，逆に相手の考えや行動に腹立たしくなっ

たりすることもあるだろう。私たちはしばしば，調査をするときは中立的／客観的な立場であるべきだと教わる。たしかに，自分の主義主張にしたがって調査対象の事実を曲げて伝えることはよくない。そういう意味では，調査において「中立」であることは重要だ。しかし自分のなかにわきおこる感情を無視し，わりきれない気分のままで調査を進めようとすることが，調査の継続を困難にすることもある。質的調査のなかでは，私たちがどう感じるかということも重要なデータであり，自分の本当の関心に自分で気づくきっかけにもなる。感情にふりまわされないためにも，調査のなかで抱いた気持ちや感じたことも記録に加え，自分がなぜそうしたことを感じたのかについて，時間をおいて自己分析してみるとよい[3]。

　上に紹介した2つの姿勢は，質的調査理論の成果の一部にすぎない。もちろん，これ以外の方法や姿勢で調査に臨んでもいっこうにかまわない。聞き取りや観察は自分も当事者の一部である，という考えから，調査は自分と調査対象者が一緒に作ったものだ，と考える人もいる。調査をする以前に，さまざまな調査観があるのだ。

　こうした点をよく考えていくと，調査を進め，その結果をまとめることは，自分がその対象のどういう面に関心をもっているか，を自覚するプロセスであり，それを自覚することとは，調査の背後にある自分の社会観や人間観，調査観について考えることでもある。

4　質的調査で社会学的知見を生み出す

　先に紹介した梅棹忠夫は，情報化社会の入口に立って，「今日では，情報の検索，処理，生産，展開についての技術が，個人の基礎的素養として，たいせつになりつつあるのではないか」（梅棹『知的生産の技術』14頁）と述べた。皮肉なことだが，大学で「情報処理」の授業が一般化するにつれ，かえって，知の生産や展開という目的がかすんでしまったようにもみえる。現在は，梅棹のいう「検索・処理」と「生産・展開」が分離し，後者がないがしろにされた状態なのかもしれない。また，梅棹は，「情報の生産者」は「情報をえて，整理し，かんがえ，結論をだし，他の個人にそれを伝達し，行動する」（梅棹『知的生産

の技術』12頁）ともいっている。この言葉からわかるように，「整理」は，前者（情報を得ること）と，後者（考え，結論を出し，伝達し，行動すること）をつなぎ一連のものとするために必要な技術・方法であり，情報の生産（そして展開）のカギとなるものである。

　こうした考え方が，質的調査にもあてはまることは，あらためて述べるまでもないだろう。先達の調査経験が詰まった歴史と，試行錯誤のなかで培われた考え方（理論）は，情報収集から考察（発想），そして成果報告までを——調査の途中でくじけることなく——実りあるものにしてくれる知恵の宝庫なのだ。

⑤　練習問題

　架空の調査とその調査法を考えてみよう。

(1) 誰に調査するか，調査対象を決める。

(2) 知りたいこと，つまり調査の目的も決めてみよう。

(3) (2)で決めた目的を達成するために，どのような調査の方法が適しているだろうか。できれば複数の方法を（想像で良いので）書いてみよう。

(4) (3)までのあなたの解答を保存しておき，この後，その方法に関する本書の章を読んだ後，その解答と見比べ，学んだことを参考にして，(3)の解答を改良してみよう。

1) Thomas, William I. and Florian Znaniecki, (1918-20) *The Polish Peasant in Europe and America*, 5 vols., University of Chicago Press.
2) グラウンデッド・セオリーとKJ法の親近性については，木下康仁『グラウンデッド・セオリー・アプローチ——質的実証研究の再生』（弘文堂，1999）を参照のこと。
3) 感情に配慮した調査方法についてのすぐれた教科書として，S.クラインマン & M.コップ〔鎌田大資・寺岡伸悟 訳〕『感情とフィールドワーク』（世界思想社，2006）がある。

（工藤保則・寺岡伸悟）

第3章

質的調査の特徴・魅力・難しさ

∞ 調査をはじめる前に

① 質的調査と量的調査の違い

(1) 質的とか量的とか

あらためて「社会調査法」といわれると，私たちはまず何を思い描くだろうか。調査したい内容を記載した質問紙（調査票）を作成し，調査したい相手に答えてもらう，いわゆる「アンケート調査」（調査票調査や統計的調査というのが正しいが，ここでは便宜上アンケート調査とする）をイメージするだろうか。テレビや新聞でも国などの行う世論調査の結果がよく報道されるが，これらもこうした調査法を用いたものとして私たちにもなじみが深い。

たしかに，「社会調査法」に関する書籍を探してみると，アンケート法に関する記述が多いことに気づくだろう。今日，「社会調査」と名のつくテキストは実に多いが，その草分け的存在である安田三郎・原純輔『社会調査ハンドブック』（有斐閣，1982），飽戸弘『社会調査ハンドブック』（日本経済新聞出版，1987）といったかつて広く読まれた本でも，多くのページが調査票を用いた調査を前提とした内容で占められている。たとえば，サンプリングの仕方，調査票の作成方法，データの入力方法，統計分析の方法などは，いずれも主としてアンケート調査を行うための方法である。

しかし，社会調査の世界には，こうしたアンケート法に代表される「量的調査」だけではなく，実に多様な方法があり，そのなかでもさまざまな質的調査に目を向けてみようというのが本書の趣旨である。そして，質的調査がどのようなものであるかについては第2章で詳しく述べた。ここでの疑問は，では，こうした質的調査と上で挙げたようなアンケート法とは何がどう違うのか，ど

う関係しているのかということである。

　本章では，まず社会調査法における質的調査の位置づけを押さえたうえで，その得手不得手や魅力と難しさについて考えてみることにしよう。このことは，実際に質的調査を実践するために理解しておきたいことでもある。

　ところで，巷^{ちまた}には社会調査法の本が多く出されていて，なかでもアンケート法を解説するものが多いと先に述べた。再びそれらの本を開いてみて気がつくことは，まず社会調査法全体を概説したうえで，量的調査と質的調査とに分類していることだ。私たちは分類をしたほうが理解しやすいから，ひとまず"便宜的に"この分類を受け入れてみよう。すると今度は，量的と質的との違いはなんだろうかというところが気にかかるだろう。ところが，この問いは簡単なようで案外難しい。たとえば，質的調査のひとつである観察法で観察された内容を数字で数えて分析することはあるし，やや高度な量的調査の本には質的データ分析という項目もあるからさらにややこしい。

⑵　オールマイティな調査はない

　そもそも量的調査とはなんだろうか。先に述べたように，あらかじめ調査票を作成し，人びとの意識や実態をその調査票で把握し，得られたデータを統計分析するアンケート法はその代表例であるが，ここでのポイントのひとつは「数的なデータ」によるという点にある。そして，データの把握，分析，表現という一連のプロセスを，数値により（つまり量的に）行う方法を量的調査といっている。ただし，重要なことは，こうしたことを行う理由と方法である。

　社会調査は，多様で複雑な社会事象を把握するために，さまざまなデータ（情報）を収集し分析する営みだが，多くの量的調査では，「ある社会」を理解するために，その全体（母集団）から抽出（サンプリング）された調査対象（サンプル）を決めるという作業を行う。たとえば，サークルというひとつの社会においては所属するサークルメンバー全員のデータを得ることは可能かも知れないが，日本国民の意識，日本中の大学生全体の就労意識，大企業での職場の人間関係の構造などを知ろうとするとき，その構成メンバー全員一人ひとりに話を聞くことはまずできない。かといって，身近な数人に聞いたことが社会全体や大学生全体，職場全体の意識の傾向を常に代表しているとも考えられない。

したがって，調査する側は，現実的に調査可能な数でありながら，本当に知りたい全体を代表するような調査対象を決めなければならない。これをサンプリングという。このように，全数調査（悉皆調査という）か，もしくはサンプリングにより選ばれたサンプル数に対する調査（標本調査という）は，「知りたい全体」の傾向や分布，グループや項目間の関連などを知ることを得意としている。

　逆にいえば，個々の人びとがある質問に答える背景や文脈など，前後関係や背後関係と密接につながる「個別の事情」のそれぞれについて把握することは難しい。個々の事情ではなく全体の傾向をつかみたいから，多くの人が答えられるように，あらかじめ誰にでも答えやすいような質問文や選択肢を工夫する必要がある。また，統計分析は，対象とする全体の傾向を知るために合理的に多くのデータを収集し，かつ，そこから一定の傾向を見出すために用いられる。

　以上のことは，どちらが良い悪いということではなく，量的調査と質的調査にはそれぞれ目的の違いからくる得手不得手というものがあるということを意味している。日本国民全体のうちのどれくらいの人がそのときの首相を支持しているかはおそらく量的調査でないとわからないし，大学生全体の就労意識の傾向もそうであろう。

　一方，この調査は，いま生きていて，物理的に回答できる人に対象が限定される。あたりまえのことだが，100年前の人や赤ちゃんには直接調査できないし，調査側があらかじめ知りたいと思っている以上のことをきくことはできない。また，個々人が昨今の政治事象に対しどのような印象を持っているかや，大学生の就職という局面に対する思い方や感じ方は，それこそ千差万別であり，個々に話を聞いたり観察したりしなくては理解できないことも少なくない。さらには，こうした個々の事象がある社会の特性を象徴的に示していることもあるだろう。単純化していえば，「支持する」と「支持しない」の間，「就職したい」と「就職したくない」の間にはベクトルの異なる実に多くの複雑な意見があるし，またそう考える背景もそれぞれ異なる。質的調査は，この主観的に意味づけられた個々の内実や背景に迫ることに関心をおく。そのためには，個別の事情をその前後や背後の文脈から切り離さずに理解する方法が求められるだろう。

質的調査と量的調査の関係 ～～～～～～～～

(1) 質的調査の多様な世界

　量的調査と質的調査との違いは，たんに数値を用いるかどうかというよりも，むしろ社会を理解する「仕方」や社会に対する「迫り方」そのものの違いであるということを述べた。それは社会から得られる情報（データ）と，そこから何かを読み取る方法（分析）の次のような違いに現れる。

　＜アンケート法＞は，質問文とその回答となる選択肢のセットで構成されており，得られるデータは数値化されている。この数値の平均や分散，あるいは関連性や傾向を見出すために統計分析が用いられる。アンケート法は量的調査の代表格であるが，実際に調査票を作成せず既存のデータ（二次データ）を分析することや，限定的で偏りのある調査データからでも個別の事象内における分布や傾向を把握する量的調査もある。いずれも数値による把握分析という点で共通している。

　これに対し，質的調査の世界には実にさまざまな方法が存在していることは第1章でも詳しく述べたとおりである。もっともイメージしやすいのは，直接的に調査協力者から話をうかがう＜インタビュー法＞であろうが，これもあるテーマや質問項目を事前に統制した聞き方（構造化，もしくは半構造化インタビュー）もあれば，こちらから質問を統制せずに自由な語りそのものを引き出す聞き方（非構造化インタビュー）もある。調査者と協力者の一対一の関係での調査もあれば，グループインタビューのように，数名のグループから一度に話を聞いたりそのグループでの自由な会話そのものを調査したりすることもある。さらに，直接対面して行う場合や，オンラインで行う場合の違いもある。

　また＜観察法＞も質的調査としてよく紹介される方法である。まさに「観察」することから社会に迫るこの方法は，複雑な状況のありのままを知りたい場合や，必ずしも直接話を聞けない対象で威力を発揮する。たとえば，幼い子どもたちの社会形成を調査するのにインタビューをするのは難しいかもしれないが，彼（女）らの動きや関わり方を観察することでわかることは実に多い。

ショッピングモールという空間での人びとのすごし方，夜の街で若者がどのように すごしているかといった人の行動に着目するだけでなく，住宅街における 個性的な住宅から，街に溢れる看板や店名からなど，事物を通してその背後に ある人びとの意識や考えに迫ることもできる。さらには，自らその場に参加し たり社会のメンバーになったりすることでわかる（参与観察）こともあれば， 逆に少し引いたところからみることでわかることもある（非参与観察）。

　直接の調査対象が人ではないということでは，＜資料分析法＞も忘れては いけない大事な方法だろう。書籍や論文などの文献から私たちは多くのことを学 ぶが，「書かれたもの」そのものを調査対象とすることもできる。そう考える と，文字になっているあらゆるものは資料分析の対象である。議事録や日記か らは人びとの意見やその変化をみることができるし，雑誌やパンフレットやち らし，広告も集めていくとその時代や社会が透けてみえてくる。こうなると対 象は文字からはみ出して行き，写真や映像も同じように調査対象となるだろう。 卒業アルバムもアイドルの写真集も，ドラマもテレビCMも，アニメもマン ガも，身の周りのあらゆるものが調査対象となり得る情報をもっている。

(2) 質的調査と量的調査のバトンリレー

　このように，質的調査のおもしろさのひとつは，「方法の多様性」と「対象 の多様性」にあるといえる。一見 "なんでもあり" に映るこのことは，しかし， けっして不真面目なことではない。

　第1章で述べたように，そもそも私たちの身のまわりには調査があふれてい るし，いってみれば，そもそも生活自体が調査的なものの連続だといえる。テ レビをつければ，数多くの取材に基づく番組があるし，番組のなかで私たちの 声を直接取り上げる映像やデータも多い。友だちや恋人との会話のなかでも今 日の出来事を語るだろう。駅にいる人たちをみて，最近の若い子は派手だなぁ （と若い大学生が中学生を指していう）といってみたり，「恋バナ」だって，自分 以外の人がどのように恋愛をしているかリサーチしている風である。グルメサ イトの口コミは膨大な量の調査結果だ。挙げればキリがないが，見方を変えれ ば，それぞれの話は実に調査的である。私たちの身のまわりの多くの出来事や 物事は，意識的，無意識的にかかわらず，私たちの考えや意識が生み出したも

のである。ガムの包み紙のデザインもきっと誰かが考えたものだ。そうであれ
ば，どのような出来事や事物でも，そのなかに分け入ってみれば，私たちの社
会の断片を見出すことができるに違いない。

　量的調査も質的調査も，それぞれ何を材料（データ）として，どのような方
法でそれを読みとこうとしているかの違いはあるが，しかし，いずれもその
データから，その向こうにある（その背後にある）社会を読みとこうとしている
という点では同じであり，その意味では質的調査と量的調査は必ずしも対立す
るものではない。むしろ，自分が知ろうとしていることに対しその方法が適し
ているかが問題なのであり，場合によっては柔軟にそれらを使い分けたり，複
合的に用いたりすることがあってもいいだろう。このように，専門の異なる調
査者や，複数の調査方法を組み合わせることにより，調査結果の確からしさを
高めようとする方法を「トライアンギュレーション」という。

　また，質的調査と量的調査は時として連続的なものでもある。質的調査から
得られた知見が量的調査を行うさいの仮説となることや，量的調査の結果を手
がかりにその具体的な実像に迫ろうとすることはよくあることだろう。つまり，
量的調査が質的調査の検証作業として，あるいは質的調査が新たな仮説構築作
業として，ひとつのサイクルを形成する。こうしたサイクルは，いわばバトン
を受け継いでいくリレーのように，社会調査の世界全体を豊かで深みのあるも
のにするだろう。

 ３ 質的調査の難しさと魅力 〜〜〜〜〜〜〜〜〜〜〜〜〜〜〜〜

(1) 「調査っぽい」ことから調査へ

　たしかに私たちの社会は調査的なもので満たされているし，また，あらゆる
出来事や事象は社会調査，とりわけ質的調査の対象となり得る。だから，こう
した質的調査の魅力に関心をもち，気軽に調査ができそうだと思い，自分でも
行ってみようと考えることは悪くない。いや，むしろそう思い，実際に行動し
て欲しいというのが本書のねらいでもある。一方，量的調査を行うのは一見大
変そうである。事実，調査票の印刷や郵送費，分析のためのコンピュータやソ

フトウェアの利用，何より多くの人に調査を協力してもらう必要があるなど，諸々のコストを考えると，一人の大学生だけで満足のいく調査を行うことは現実的にはなかなか難しいところがある（だから，量的調査の多くはチームで行うことが一般的となってきている）。こうしたことをあれこれ計算すると，講義のレポート，ゼミナールでのゼミ論文や卒業論文で何か調査をしようと考えたとき，「とにかく質的調査でも」と考えることがあるかもしれない。しかし，「とりあえず適当にやってみるか」ではダメなのである。

　「あぁ，お説教か」と思わずに，ここで立ち止まってそのことの問題性をぜひ考えてもらいたい。なぜダメか。不真面目な動機がよくないのかといえばそういうことでもない。簡単にできそうだからと，「適当にやる」ことが問題なのである。いいかえれば，「調査的」なことを，きちんと「調査」にすることこそが重要なのであり，そうでないと，たんにおしゃべりをしただけ，街を歩いただけ，マンガを読んだだけという日常生活上の行為と何ら変わらない。百歩譲って，かりに「とりあえず」調査を始めたとしても，「こんなもんだろう」と調査を終わらせてはならない。適当に調査を終えたり，わかった気になったりせず，一歩踏み込んで，どのような対象であれ丁寧に向き合い，きちんと調査を"やりきる"ことができなければ，はじめから調査などやらない方がいいとさえいえる。最悪なのは，一種のアリバイのようにお手軽に質的調査を使うことである。いきなりお説教のような話になってしまったが，よくレポートでみかける「ちょっと見てきました」「ちょっと聞いてみました」の類のなかには，およそ調査といえないようなものも少なくない。

　質的調査の基本は，人の話に，街の風景に，先人の記述に，とことん興味をもつことにある。しかし，これらの出来事や事物に対し，知的関心をもち，驚くということは，自分だけおもしろければ何でもありということを意味しない。あなたの調べたことから導かれる発見や主張が，その場にいない他の誰かにとっても十分に納得的であるためにはどうあるべきか。そこには，それなりの作法がある。たしかに，テレビでも「恋バナ」でも，私たちの身の回りは実に調査的である。しかし同時に，たとえば，テレビで報じられる取材内容に強引さを感じ，主張に対して「無理があるなぁ」「都合のいいところだけ紹介しているのでは」と思ったことはないだろうか。第三者にとって納得的であるために

は，調査者の勝手な思い込みではなく，対象への十分な調査が行われ，そこから得られた情報を丁寧に読みといていくことが求められる。質的調査にはセンスが必要だと真っ先に心配になるかもしれないが，しかし，ひとつひとつの手続きを妥協なく徹底して行えるかどうかが（とかく安易に流されやすい私たちにとって）難しいところなのである。「よい調査」とされる先人の仕事は，どれもみな「丁寧な調査」なのである。

　すなわち，第1章で「日常生活から社会へ」と述べた質的調査への入り方と作法には，日常にあふれる事象から社会を見出すという社会学的想像力と，日常生活のなかでよく行われている調査（的なもの）を社会的に受け入れられる，第三者にとって納得できるものにする姿勢という二重の意味が含まれている。この後に続く各章でも，質的調査において得られた情報の解釈はもちろん，同時に，どのような手続きで対象と向き合い，どのように情報収集し記録したかについても述べられているはずだ。

(2)　調査手法から調査作法へ

　以上のことは，質的調査の「確からしさ」の問題と関連している。質的調査には，必ずといっていいほど「はたしてそれは全体を代表しているのだろうか」という疑問がつきまとう。このことは，代表性を厳しく問う量的調査の立場からみればなおさら気がかりなことであるに違いない。統計的な検証が可能な量的調査と違い，個別の事象を深く考察するなかから社会を見出そうとする質的調査は，誰・何に対して，どのように調査をして，何が記録され，そこからどのような手続きで主張を導いたかというひとつひとつの手続きを丁寧に行い，それらを明示しないと確からしさが激減してしまう。対象をじっくりと吟味する。調査をはじめる前に十分な下調べをする。方法の妥当性をきちんと考える。相手がある場合はきちんと礼を尽くす。調べたこと考えたことを漏らさず記録をする。レポートには調査のプロセスをきちんと明記する，などなど。これらはどれも調査の確からしさのために行っているという側面がある。それでも質的調査には，常に確からしさの問題がつきまとう。質的調査と量的調査を相互補完的に用いるなど，複数の調査法を組み合わせるトライアンギュレーションの考え方も，そうした確からしさに対するひとつの解法である。

確からしさに関わる質的調査のもうひとつの難しさは，インタビュー法や観察法などのひとつひとつの調査法に，どのような場合でも使えるような，オールマイティで統一的なマニュアルらしきものがないという点にある。これは，サンプリング手法や分析手法が確立されている量的調査と決定的に異なることである。もちろん，進め方や調査の流れなどのように，ある程度一般化された方法論はいくつもあるし，得られたデータの処理方法の開発も大いに進んでいるが，それぞれの調査の実際は個別性がきわめて高いために，現場では試行錯誤の連続となるに違いない。質的調査に関するテキストでこう書くとミもフタもないが，この現場では厳密に手続きがマニュアル化されたようなものにしたがって進めても，残念ながらそのとおりにいかないことも少なくない。

　先に，質的調査にはそれなりの作法があると述べた。「手法」といわずに「作法」としたのは，調査者がマニュアルに従って調査するのではなく，調査者が先人の調査から学び，自ら試行錯誤・紆余曲折するなかから方法を会得することが重要と考えるからである。調査センスなるものも，天性のものではなく，そのようにして養われるものである。質的調査の世界においては，試行錯誤はむしろ必要なプロセスのひとつだといってもいいだろう。その試行錯誤のなかかからは，あなたなりの方法論が生まれてくるかも知れない。こうしてあなたが生み出した方法論が，誰かに採用されていく可能性もあるだろう。

 ## ④ 練習問題

　まず，身近な疑問から（今日おこった出来事の中からでもよい）ある調査テーマを決め，その知りたいことに迫るための「調査方法」を質的・量的を含めできるだけ多く挙げてみよう。多くのメンバーで議論するといろいろな意見が出ていいだろう。また独自の調査法を考えるのも面白い。

　次に，それぞれの調査方法ごとに「対象」「調べ方」「わかること」「わからないこと」を整理し，一覧できる表を作成してみよう。最後に，それぞれの方法の特徴・魅力・難しさについて議論しよう。

（宮垣　元）

II ⟶ 質的調査の

進め方

観察法

第**4**章

⊸ まず「日常」を記録しよう

 野帖を手にする

　私がはじめて意識的に人間社会を「観察」したのは，大学の授業で調査をしたときだった。昆虫の生態や植物の成長を「観察」したことはあったが，人間を「観察」するという行為は，「学」という構えが与えられてはじめてできるものだった。もちろん，それまでにも他人の行動を「見る」ことはあった。通学電車のなかで乗り合わせた客のそぶりに目をとめたし，旅先で，その街の暮らしを垣間見てもいる。しかし，人間を「観察」するというばあいには，自分を「見る者」として明瞭に意識しないわけにはいかなかった。

　最初のフィールドワークは，「文化人類学ゼミ」という，どの学部の学生が履修してもよい授業で課せられた。文学部生だった私は，祇園祭や天神祭をグループで調査していると聞き，なんとなくおもしろそうだと思って受講したのである。担当の米山俊直先生はアフリカをフィールドにする人類学者で，理屈をふりまわすような講義スタイルからは，かけはなれた人だった。私が受講した年は「神戸まつり」という都市型祭礼について研究する計画で，他大学の教員や学生を巻きこんで大きな調査チームがつくられた。

　4月に授業が始まり，観察すべきイベントの開催は5月。アッという間に本番がやってきた。調査法や記録のしかたについて，まとまった教えを受けた覚えはない。ただ，インタビューをするときには取材先にきちんと挨拶すること——これは厳しくいいつけられた。ほかには，記録の道具として「野帖」を手渡されたくらいである。たったそれだけの用意と準備で，私はフィールドに放り出された。

　野帖とは，フィールドワーカーが現場で観察した出来事やインタビューした

相手の話などを書きこむノート，すなわちフィールドノートのことである。このとき以来，私は同じノートを40年ほど使いつづけている。だが，その使い方にしても，きちんと教えてもらったわけではない。とにかく，何でも書きこむことからスタートした。カメラで写真を撮るという記録法も併用している。その後，いろいろな現場を経験し，試行錯誤のうちに自分流の記録のとり方が整ってきた。以下は，私の手元にあるフィールドノートを見返しつつ，「観察」という方法についてまとめたものである。本書の読者は，これからフィールドに出て調査をしようと計画している人たちや，フィールドから帰ってきて記録をまとめようとしている人たちだろう。迷いもあるだろうが，この小文に書かれていることを真似るのではなく，あくまでも参考にとどめてほしい。若い人たちには，自分の力で独自のノウハウをつくっていくことを期待したい。

 人類学の知恵 〜〜〜〜〜〜〜〜〜〜〜〜〜〜〜〜〜〜〜〜〜

(1)　「穴」だらけのノート

　ノートとカメラを手に，はじめての調査に出かけた。「神戸まつり」のフィールドワークのスタートは，市役所での打ち合わせ会の記録である（1981年5月2日）。この日のノートには，打ち合わせ内容についてそれらしいメモが残されている。しかし，大学生の私は，誰が出席していて，誰が発言したことなのかといった基本情報を書いていない。そもそも市役所のどの部屋で，何時から開催された会合なのかも不明である。複数の大学の合同調査チームの打ち合わせ会を，市役所の協力で開いたときの記録であろうことはわかる。だが，これでは使えるデータとはいえない。35年の年月がすぎ，その日の様子をメモから再現することは不可能だ。

　記録は，あとになっても利用できるかたちになっていなければならない。この，あたりまえのことに当時は気づいていなかった。わざわざ書くほどのことではないのかもしれないが，それでも書いておこう。観察の記録では，「誰が／何を／いつ／どこで／なぜ／どのように」したのかという基本情報が必須である。新聞などの記者が取材したことがらを記事にするさいの基本作法なのだ

が，フィールドノートに観察の記録をする場合も同様である。「なぜ」や「どのように」については，観察だけからはわからないかもしれない。しかし，「いつ／どこで」は，記録の最初にメモしておけば済むことだし，「誰が」については，たとえ見知らぬ人であっても，ある程度の描写を残すことが可能だ。

　さて，こういう失敗を失敗だと意識するいとまもなく，次の調査日はやってくる。「神戸まつり」は市内全域で開催される大きなイベントで，市全体の行事と区ごとの行事とに分かれている。私が担当したのは，中央区西地区の行事だった。関係者への事前取材を何度か経験したあと，5月16日の土曜日の朝9時には，会場だった生田神社（三宮駅から徒歩5分）に向かっている。

　その日のノートには，現場で観察した出来事が時系列で書きとめられている。たとえば「9：20　市役所から4人到着　電線ロール2持参」などと記してある。このタイムテーブル型の記録が，イベント閉幕の18時すぎまでつづく。記載に粗密はあるが，いちおう1日の出来事を継続的に記録したものだ。だが，やはり不完全な記載が多く，記録をもとにその日の様子を細かく記述できるかというと，その再現性は低い。理由ははっきりしている。誰の，どういう行動や発言だったのかが特定できないのだ。主語を略していて，誰の行動かがわからない。略号を使っているのだが，何を略したものなのかが書き留められていない。たくさんの人のことを記録しようとして，肝心な人の姿を見失っている……。

　この日の観察の一部は，のちに刊行された報告書にレポートとしてまとめている。そのレポートに再現されたことがらに関しては，無駄になっていない。だが，当日のうちに，つまり記憶がしっかりしているあいだにメモをきちんと補充しておけば，いまでも使えるデータだったはずだ。その作業を怠ったために，数ヶ月にわたる調査のデータの質は，再利用がきかないものにとどまった。

(2)　「個体識別」

　失敗は，経験を積んで乗りこえていくものだ。数十年後にも使えるデータを残す技量を，最初から身につけている人はいない。私にとって幸運だったのは，こういう試行錯誤の時期に，他の分野のいろいろな調査報告について聞く機会があったことだ。私は，米山研究室に出入りする先輩に誘われ，「近衛ロンド」という研究会にも顔を出すようになった。もともとは人類学についての報告を

聞き議論する自主的な研究グループである。私が参加した当時は，人類学だけでなく，民俗学や社会学，地理学などさまざまな専門をもつ人たちがフィールド調査の報告をした。そこで，調査の方法や記録のノウハウを知ることができたのである。

とくに印象深かったのは，アフリカでゴリラなど霊長類の研究をしている人たちの報告だった。サル学の調査では，対象となる動物について，個性をもった個体として識別することが基本である。群れを，群れとして観察していたのでは発見はない。まずは，一頭一頭に名前をつけ，個性を見分け，つきあいのネットワークを確定し，力関係を見極めていく。そういったフィールドワークを継続することで，ようやく発見にたどりつく。よく知られるハヌマンラングールの「子殺し行動」の「発見」も，地道な観察の賜物だ。群れを群れとしてぼんやりと見ていたのでは，どの個体がどの個体を殺したのかわからないし，個体どうしがどういう関係にあったかもみすごされてしまう。

私は，霊長類の研究を志望して異国の地に旅することはなかった。しかし，アフリカのジャングルで使われるノウハウが，自分のフィールドワークにも生かせると思った。そもそも，霊長類相手に「言葉」を用いたインタビューをすることは不可能で，観察に徹するしかない。そのノウハウは，個別に取材をするチャンスが小さい，「出来事」の観察調査にも有効なはずだった。まずは，集団や群集のなかから観察するべき人を特定する。そして，その人の行動をしっかりと追う。目にみえたもの全部を記録するのではなく，みるべき対象を絞りこみ，行動や発言をきちんと記述すること。観察調査の要点は，サル学の報告を聞きかじったことで認識できた。

文化人類学ゼミや近衛ロンドでは，ほかにも，Ｂ６カードによる情報の整理や，ＫＪ法によるブレーンストーミングのすすめかたなど，さまざまな「知的生産の技術」にふれることができた。これは，自分のノウハウづくりするうえでの大きな財産だ。また，フィールドや対象によって調査方法がちがってよいということも知り得た。いいかえれば，どんな場面でも，どんな相手にも通用する「万能」の方法などないということだ。技術的にも学ぶ点は多い。写真を撮るときは，スライドフィルム（ポジ）を使ってアングルの切り取りがうまくなるよう意識して撮影した。スライドフィルムの値段はふつうのネガフィルム

に比べて高かったが，授業料だと思って買った。テープレコーダーを使ったインタビューでは，録音済みの処理をせずに重ね録りをして大事な話を消したこともある。そういう失敗が，数年はつづいた。いまのデジタル機器なら，シャッターを何度も切ることができるし，テープの残量を気にする必要もない。だが，条件がよいからといって必ずしもよい調査ができるわけではない。対象に合った調査方法を洗練しようという意識をもつこと，そして失敗を恐れずに経験を積むことが，よい調査への道のりだといえる。

私は，その後も，さまざまな調査を経験した。大学でチームがつくられ，その一員として調査に加わったこともあるし，独自に取材を申し込み，聞き取りに出かけたこともある。まとまった報告を完成できないケースもあったが，体験は蓄積された。

(3) 方法の組み合わせ

さきほど，フィールドや対象によって調査方法はちがってよいのだ，と書いた。本書をふくめ，調査方法について解説したテキストには，さまざまな調査方法が紹介されている。そのうちのどれを選択するかは，対象による。けれども，考えちがいをしてはいけないのだが，ひとつの対象に，ひとつの方法が一対一で対応するとはかぎらない。フィールドや対象によっては複数の方法を組み合わせることもできる。ライフヒストリーの研究だからインタビュー，社会集団の研究だから参与観察，群衆行動の研究だから非参与の観察といったふうにメニューを決めつけるのは生産的でない。方法の混在による不整合をきたすことは避けるべきだが，多様な観点を確保して対象を多面的に描き出すことは，報告書の記述を豊かなものにするために必要なことだろう。そのような意味で，対象からいささかの距離をおいた「観察」（非参与型の観察）は，相手と深くかかわりあう「参与観察」や「インタビュー」など，他の方法と組み合わせてこそ効果的な方法だといえる。

とくに短期間の調査のばあいは，方法を複合させるほうがよい。非参与型の「観察」だけで何かをいおうとすれば，相当のデータの蓄積が必要となる。先に示したサル学の調査や人類学のフィールドワークでは，観察が数年間に及ぶことを覚悟せねばならない。これに対し，国内で，自分のよく知った街や人の

観察をするときは，「わかっている」気になってしまって手抜きにつながりやすい。自分が馴染んだ街，ありふれた光景にこそ細心の注意を払って，じっくりと対象に向き合うべきだろう。

　別の例として，いわゆる「定点観測」による調査の例を挙げておく。現代風俗研究会の会員・斎藤光は，カップルの身体接触について継続的な観察を行った（斎藤光・橋爪紳也・風俗研究ネットワーク編著『Kyoto恋愛空間──現代カップル考』学芸出版社，1994）。街頭を歩く男女が手をつないでいるのか，肩を抱いているのか，それとも身体接触なしに並んでいるだけなのか……。この現象について数量データをとり，変化を見極めようとした調査である。実際にこの調査から明らかにされたこととして，たとえば夏よりも冬のほうが男女の接触率が高いという事実がある。夏は気温が高いので，くっつこうとしないのはあたりまえのことだ。しかし，そのことをデータで示すためには，少なくとも1年間の継続調査が必要である。観察という手法では対象の絞りこみが必要だし，調査者が一人ならば記録に残せる事実は「断片」にとどまる。その限られたデータから知見を導き出すためには，継続と比較によって「変化」や「差」を見極めるしかないのである。私も，この調査を手伝ったことがあるが，数度の調査ではデータをとるのが精一杯で，そこから結論めいたものを口にすることは控えざるを得なかった。

　マンガ雑誌というメディアと人びととのかかわりを調べるための観察を実施したことがある（現代風俗研究会編『マンガ環境──現代風俗'93』リブロポート，1993）。『週刊少年ジャンプ』を購入した人が，どのように行動し，どのように読むのかを尾行して調べた。駅の売店でマンガを買うところを目撃したら，尾行を開始する。電車やバスを乗り換えれば，あとを追う。最後は，その人が家に帰ったり，雑誌をゴミ箱に捨てたりしたところで終了にする（ゴミ箱に捨てられた雑誌を拾う人がいれば，さらに継続する）。──この調査でも面白い事実が発見できた。たとえば，電車のなかでマンガ雑誌を読むときには，冊子の最初から順番に読んでいくのではなく，自分の好きな作品を好みの順に読みすすめるスタイルが多いということなどだ。しかし，この発見をただちに一般化することはできない。観察はあくまでも手がかりを見出すためのものであり，別の方法によるデータで補充されなければ強い結論にはなり得ないだろう。

　非参与型の観察では，長い継続の先にこそ独自の発見がある。調査期間が短

いときには，他の方法との組み合わせが必要だ。このように総括しておこう。

 ## ノートに記録する

(1)　ダンスホールの調査——観察とインタビュー

　私が大学院に進んでから，いまもつづけている調査のひとつにダンスホール研究がある。もともとは院生時代に読んだシカゴ学派の古典『タクシーダンス・ホール』に導かれ，同様の調査を日本でもしてみたいと考えたのが研究のきっかけである。10年ほどをかけて調査報告の執筆にこぎつけた。それらの成果は，多くが関係者へのインタビューや，古い文献資料の分析などをもとにして書いたものである。

　だが，この研究でも非参与型の「観察」を用いている。たとえば，調査をはじめた1980年代の東京・大阪・京都に残っていたダンスホールを訪れることである。そのさい，入場料を払い客としてホールで踊ったこともある。プロの女性ダンサーがいるホールでは，ダンスのパートナーをしてもらった。この場合は，参与観察といえる面をそなえている。調査であることを伏せているから，「スパイ型」の参与観察ともいえようか。だが，ホールに行くたびにダンサーと踊れば出費がかさむ。そこで，ジャズバンドの演奏に聴き入り，踊らずにすごす音楽好きの客を「演じる」こともあった。このときには，他の客やダンサーのようすを観察し，従業員の働きぶりを記録した。もちろん，店内でカメラやメモは使えない。店を出てから近くの喫茶店に駆けこみ，記憶していることを片っ端からノートに書いた。

　このようにして得た情報も，しかし単独では利用できない。あらためてホールに取材を申しこみ，支配人やダンサーのみなさんを相手にインタビューをさせてもらっている。客として得た知識は，インタビューをすすめる前提となった。つまり，「観察」が，他の調査方法と補完的に用いられているのである。

(2)　応援行動の観察——「いつものこと」と「いつもとちがうこと」

　もうひとつ，この20年ほど継続しているのが，プロ野球観戦における応援行

動の調査である。こちら
は，球場に出かけて応援
する人びとの様子を写真
に撮ったりメモに書きと
めたりする方法をとって
いる。録音や録画をした
こともあるが，基本的に
は現場で写真を撮影し，
ノートにタイムテーブル
型の記録をとることが主
な作業である（写真4-1）。

写真4-1　球場でのメモ

　この場合も，応援リー
ダーや常連客を見極めて，
その人たちの行動を記録
していくことが重要だ。
先に示した「個体識別」
は，現場で何が起こって
いるかを記述するために
不可欠である。私の場合，
京セラドーム大阪でホー
クスを応援する人たちの
行動を観察しているが，
リーダーや常連客のおお

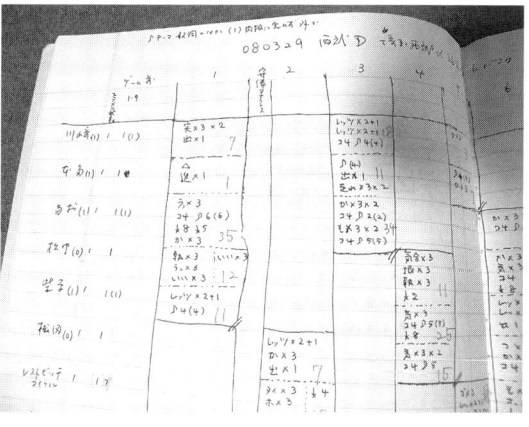

写真4-2　球場でのメモをノートで整理，集計する
（2008年3月29日・西武ドームでのライオンズ戦）

よそをつかむまでに3年ほどの時間を要した。また，観察を継続すれば，結果
的に観察者じしんも常連客になってしまう。他の常連客と言葉を交わすように
なり，応援のための団体にも加わった。シーズンオフに開かれる懇親会などの
行事にも顔を出す。不可避的に，参与観察に巻きこまれていくのである。研究
する者が，対象やフィールドの条件を勘案し，主体的に調査をデザインするこ
とは望ましい。その余地が大きい調査もある。しかし，現実のフィールドワー
クでは，対象に巻きこまれ，対象者のペースで事態が進んでいくことも少なく

図表4-1　ノートから集計した応援のスコア

ホークス選手に対する個人別応援コールなどの回数
（2008年4月15日・京セラドーム大阪でのオリックス戦）

			選手名など	試合前	イ	ニ	ン	グ						試合終了時	試合合計	2次会計	総計
					1	2	3	4	5	6	7	8	9				
個人を対象としたコール	出場選手	打順選手 1	川崎　※応援歌の歌詞を含む	6	31		10		11		60	31			149	13	162
		2	仲澤	2	23		19			6	39	12			101	5	106
		3	多村	2	16		17			16		30			81	7	88
		打	辻　※途中出場										9		9		9
		順 4	松中信彦　※コールでは信彦	2		10		23		56		32			123	5	128
		選	城所　※途中出場									6			6		6
		手 5	小久保	2		15		14		10		10			51	6	57
			森本　※途中出場									25			25		25
		6	柴原	2		22	21		3		7				56	9	65
		7	松田	2		3			11		11	14			41	5	46
		8	田上秀則　※コールでは秀則	2			11	28			57	18			116	5	121
		9	的山	2			22		5		9	30			68	5	73
	投手	先発	パウエル　※コールではジェレミー	1						1				16	18	3	21
		ホールド	久米　※途中出場							6					6		6
			森福　※途中出場									3			3		3
			藤岡　※途中出場									3			3		3
		セーブ	小椋　※途中出場									3			3		3
	出場なし		本多													1	1
			大村　※応援歌の歌詞を含む													5	5
			井出　※応援歌の歌詞を含む。コールでは正太郎													7	7
			馬原													3	3
			斉藤和巳　※コールでは和巳													6	6
個人コールの合計															859	85	944

出所：永井良和 2008『ホークスの70年』（ソフトバンククリエイティブ）より一部抜粋

ない。

　日本の野球場では，外野に陣取った応援団が選手ごとに決められた応援歌を演奏し，それに観客が唱和するかたちが観察できる。トランペットやドラムの伴奏もある。私は，その応援歌の演奏が，どのような順番，どのようなタイミングで起こるのかをメモにとる。また，応援歌以外のヤジや，リーダーの指示についても聞こえるかぎり記録する。フィールドでの選手のプレイがスコアブックに記録されていくように，私は応援に関わる人びとの「応援のスコア」を

つけていることになる。そして，記録をつけながら疑問に思ったことを，別の機会に応援リーダーのOBなどに質問する。応援行動についての活字記録はほとんどないため，このようなかたちでデータを残し，分析の素材にしていくほかないのである。

　この記録の勘所は何かというと，「通常起こっていること」と「例外的な出来事」とを分けて記録することである。観察をくりかえすうちに，どういうことがルーティンワークであるかがわかってくる。たとえば，ある選手の応援では，まず選手名コールが4回繰り返され，その後，リーダーが指示すれば，その選手の応援歌が演奏されるといった手順がある。しかし，チームがふがいない戦いをしているときは，リーダーがトランペット演奏を指示しないケースがある。これが「応援のボイコット」であり，現場でのイレギュラーな出来事ということになる。この記録は，のちほど，なぜその選手の応援をやめたのかを尋ねるインタビューにつながっていくはずだ。

　毎回の観察から，何がいつもの応援であるかを知っておくこと。リーダーのちょっとした行動や演奏される楽曲のアレンジの違いから，いつもとは違うニュアンスが伝えられていることを，見分け，聞き分けること。このような区別は，外野で応援をしているファンにも可能なものだ。したがって，一ファンと同じ「現場の知識」をもつことが，「観察」の基本ということになろう。この点で，観察者は一ファンになりきる必要があるわけで，参与を伴わない観察だとはいえなさそうである。また，イレギュラーな出来事に遭遇するためには，足繁く現場に出かけるしかない。そういった出来事は頻繁に起こらないが，しかし，集団や個人の関係や考え方が特徴的に表現されるばあいがある。またマスメディアはイレギュラーな出来事，すなわち「事件」のみを報じる傾向にあるので，対比されるべき日常がどうであるかを知っておくためにも，調査者は観察の単調さをいとわずに現場を踏みつづけるべきである。

「現場にいた」ということ ∿∿∿∿∿∿∿∿∿∿∿∿∿∿∿∿

⑴　記録者の責務として

　よく考えてみれば，非参与型の「観察」という方法は，さほど有効でもなく，単独で用いにくい。だが，「観察」には他に代えがたい強みがある。それは，少なくとも調査者が，その日，その場にいて，対象者と経験を共有していたという事実である。素朴な現場主義と批判される物言いだが，しかし，フィールドで生起したことを知っている，その場にいたという事実は，やはり重い。

　調査報告に示した分析に対する批判は，いろいろなかたちで予想される。けれども，批判をする側も，フィールドで起こった事実の認定については，多くを調査者のデータに依存せざるを得ないのである。だからこそ，現場にいたことをもって批判をかわす免罪符にするのではなく，現場に居合わせた者の責務として，再現性の高い記録を残しておく必要があるのだ。分析に関しては，いずれ，もっとセンスのよい人が手際よく示してくれるかもしれない。そのためにも，データは他の研究者や，後世の人びとに開かれた形にしておきたい。

⑵　位置どり

　さて，現場での観察で重要なポイントを，私の体験や，調査をしてきた学生たちの体験などから紹介したい。

　ひとつは，観察する自分が立つ位置どり，ポジショニングである。観察すべき人や出来事をきちんと見通せる場所であることはもちろんだが，それだけではない。そこにいてメモをとっていても怪しまれないことや，継続的に調査をして疲れないことが大切だ。京都の鴨川の川原に並んで座るカップルの調査をした学生は，２月が底冷えの季節だということを忘れていた。調査の期間に体調を崩してしまった。継続したデータを得るためには，無理は禁物だ。

　女性の指輪についての研究をした学生は，どうすればたくさんの手や指を見ることができるか思案した。そして，駅の切符の自動販売機の前なら多くの女性が両手と指を見せることに気づいた。これは名案だったのだが，15年ほど前

のことである。いまは，カードやスマート・フォンを近づけるだけで改札を通過する人も増えたから，また新しい手立てを考える必要があるだろう。一方，スマート・フォンでメールをチェックしている「演技」をしながら，ノートにではなくメモリーに記録を残す方法を思いついた学生がいる。男性を「M」，20代を「2」，スーツ姿を「ス」といった記号・番号に置き換えて入力していけば，あまり怪しまれることなく，たくさんの人の記録を残すことも可能だ。

　観察においては，観察者が周囲に大きな波紋を及ぼさない，それでいてデータをしっかりと集められる場所をみつけ，確保することが肝心だ。また，その位置を示すことが基本的なデータのひとつでもある。どの場所から見たから，そのように観察できたのか。それが，報告を読む人に伝わらなければならない。

(3)　先入観を排除する

　次に，対象数をある程度集めるということである。考現学の今和次郎がおもしろいことを書き残している。モダンな風俗で知られた1930年代の銀座でファッションについての観察調査をしたさい，洋服を着ている人が１％にすぎなかったということにふれてのコメントだ。「統計にでたこの数字に，きっとだれでも疑いをもたれることと思いますが，いくど繰り返してみても同じ関係にでます。このことは，われわれの目につきやすいものは多数に感ぜられる……ということを教えてくれるようなんです。したがって，われわれの印象というもので事象を判断するととんでもないまちがいが起こる，ということを気づかせるのです」（今和次郎『考現学入門』ちくま文庫，1987，124頁）。

　私たちは，たった100分の１の頻度でしか出現しないものを過大評価することがある。かつて流行したナイキのシューズについて街頭で観察した学生は，あまりの少なさに愕然としたと感想を述べた。身近に聞く評判やマスメディアが伝える情報では，「猫も杓子も」のはずだったのが，実際に履いている人はそれほど多くなかったのだった。先入観を排除できるということは，観察がもつ大きな効能である。

　一方で，それは，100件の観察をしないと１件も出現しないものがあるということの意味をあらためて考えさせる。あたりまえのことをいうが，1000分の１の例を発見するためには，1000件の観察が必要なのである。そして，その１

例の評価を適切に下すためには，他の999件がどのような分布であるのかを知っていなければならない。

くりかえすが，観察は，参与の入口である。屋上遊園地の調査をした学生がいた。研究に着手した当初は，若者中心のテーマパークと比べて，デパートの屋上遊園地を利用する人たちには家族連れが多く含まれるだろうという推測にたって観察を始めた。しかし，彼女は昼のデパート屋上にいるさまざまな人たちに出会う。学校をサボっている高校生たち。タバコを吹かしに来る休憩中のOL。ただじっと遠くを見つめるサラリーマン。そして，気づけば彼女も自分じしんが屋上で物思いにふけるようになっていた。卒業論文のテーマは，屋上という場のもつ意味を，より広く考える方向に転換していった。

以上のように，観察は，現場に即して，複雑な社会を多面的にとらえる重要な経験である。その場で得られるデータや分析に限界があるとしても，観察という行為が調査者に与えるものは大きい。何にもまして，日常的な観察は人の注意力を鍛える。そこから問題が発見され，社会を知る糸口が導かれるのである。

◆フィールドノートのとり方のコツ
(1) 自分の手に合った記録のための道具をそろえる。
(2) デジタルデータ（画像・音声）に頼らず，メモをとる。
(3) 5W1H は，記録の基本。長時間の場合はタイムテーブルを作成する。
(4) メモをとることができないときや，カメラ・録音機が使えないときには，観察終了後すぐにノートをつくる。
(5) 準備段階で何度も現場を踏み，観察に適した「場所」を見極めて，確保する。
(6) 複数の人物を継続的に観察するときは，人物を特定する。
(7) 同じ場所でも，日や時間帯を変えて記録をとる。
(8) 日常（いつも）の様子を知ってはじめて，非日常（出来事や事件，一時的な流行）の意味がわかる。
(9) 対象や観察場所によって，複数の調査技法をうまく組み合わせる。
(10) 他の研究者のために記録を保存し，開かれたものにする。

 練習問題

　いまから，（校舎や図書館，食堂など）大学の建物の出入り口近くに立ち，100人の着衣や持ち物について記録をとってみよう。記録は写真や動画に撮るのではなく，符号化してノートにメモすること。100名分が集まったら，いったん調査をやめて分類方法を再検討してみよう。その後，さらに100名分の記録をとろう。2度の観察の結果を踏まえ，観察する場所，記録のとり方，分類のしかたを確定しよう。また，もっとも数が多かったカテゴリーについて分析し，なぜ，そのカテゴリーに相当する件数が多いのかについての理由を考えること。反対に，100名に1〜2例しか現われないケースについて，それが何を意味するのか考えてみよう。

📖 おすすめの文献

① 今和次郎 1987『考現学入門』ちくま文庫

　　観察だけでなく，いろいろな調査方法のヒントを与えてくれるのは，考現学を志したグループの試みだろう。その成果は，楽しいイラストとともに紹介されている。

② 斎藤光・橋爪紳也・風俗研究ネットワーク編著 1994『Kyoto 恋愛空間──現代カップル考』学芸出版社

　　一方，定点観測の継続がいかにたいへんなことかを示したのが京都でのカップル調査である。労多くして功少なしという言葉があるが，観察調査にはそのような非効率が伴うものだ。

③ 現代風俗研究会 編 2000『風俗研究の方法──現代風俗2000』河出書房新社

　　さまざまな調査，記述の方法について，実例を示して紹介した本は多いので，手に取ってみよう。

（永井 良和）

第5章

参与観察法

☞「バイク便ライダー」の世界をどのように知るか？

 調査のステップとコツ

　私がバイク便ライダーの調査をはじめたのは，2003年の1月のことだった。とても寒い日だったことを覚えている。実は，2002年の暮れにもバイク便の会社を訪れたのだが，年末に向けて忙しいので新人を教えている暇はないといわれ，年をまたいで1月からはじめることになったのだ。バイク便の世界では，1月は12月に比べると仕事の量が少ない。手の空くライダーも多くいるので，新人研修にはもってこいの時期というわけである。

　もうひとつ，1月が新人研修に適しているとされる理由がある。それは，1月がとても寒い時期であり，この時期を乗り切れば1年のどの時期でも，大概，乗り切ることができるとされるからだ。実際，私はこの後のバイク便ライダー生活の1年間を通して1月ほどきつい時期を経験したことはなかった。3月になり，春の訪れを感じたときには，なんてすばらしい仕事なのだろうとさえ思ったものである。

　というわけで，私はバイク便ライダーにとっては最悪とされる1月から仕事をはじめた。この章で扱う「参与観察法」とは，調査する場所に自ら入り込み，被調査者と行動をともにしながら調査する手法のことをいうのだが，私の参与観察法デビューの最初の感想は，調査の仕方云々といった話ではなく，「寒い」そして「痛い」というものであった。

　しかし，まずはそこからはじめたいと思う。参与観察法とは，自らの五感をフル動員し，その場の「空気」を知ることでもある。いいかえると，被調査者と同じ場所に立ち，泣き，笑い，悲しみ，喜び，苦しむことである。一介のフリーターであった当事の私は，将来に焦り，しかしどうすることもできなくて

バイクを飛ばす，その刹那の快楽のみが心の支えだった。だから，冬の寒さも痛さも忘れ，仕事にのめり込んでいった。

　つまり，参与観察法においての被調査者とは，自分自身でもある。私の場合に則していうと，フィールドに入って寒さや痛さを感じる。しかし，いつの間にかそれが忘れ去られてしまう。それは何なのだろうと，自分の身を振り返ることも，重要な調査のひとつである。本章では，そんな「自分探し」でもある参与観察法について，私のバイク便ライダー時代の実例を踏まえつつ，紹介しよう。具体的には次の３点に焦点をしぼり，参与観察の実践をみていきたい。

> ステップ1　問いを設定する
> ステップ2　問いを解く
> ステップ3　考察を加える

　これらは，ひとつの連なりとなり，参与観察を行ううえでのステップとなるものでもある。つまり，ステップ1からステップ3までを順番にこなすことで，参与観察に基づく調査は完了する。しかし，そこにはさまざまな「コツ」がある。そのコツは，私が調査をするなかで見出したもので，以下，それぞれのステップをみていくなかで，順次，紹介していきたいと思う。少し先取りすると，そのコツとは次の３点である。

> 1　違和感を逃さない
> 2　聞き上手になる
> 3　大きな文脈に位置づける

　これらのコツは，それぞれのステップに対応するものである。以下，各ステップと，それに対応する調査のコツについて，順にみていこう。

 違和感を逃さない

　先ほど，「まずは」五感を使うといったのだが，フィールドに入って最初に注意したいのは，自分の普段感じていないような感覚に出会ったとき，つまり，

「違和感」を覚えたときに，それを逃さないということである。それが，調査の第一のステップ「問いの設定」へとつながっていく。

(1) 寒　　さ

　調査の最初の関門として，まず，問いを設定しなくてはならない。そのために必要なのは，フィールドで自分の感じた違和感をきちっと把握することである。バイク便ライダーの世界でいうと，それはまず，これまでに経験したことのないような「寒さ」であった。

　バイク便ライダーはほぼ一日中外にいる。たとえると，スキー場にいるスキーヤーのような状態である。ならば，スキーヤーと同じような防寒対策をしようと思い，防寒用のパンツや遠赤外線効果のある長袖のシャツやグローブやカイロなどを買い込んですべてを身につけて仕事に臨むのだが，それがまったく意味をなさない。

　スキーヤーとバイク便ライダーの最大の違いは，「靴」である。スキーヤーの履くようなガッチリとした靴をバイク便ライダーたちが履くわけにはいかない。バイクを運転するためにはそれでは危ないわけで，防寒するといってもせいぜいブーツを履くぐらいのものである。すると，冷えが足の裏からすぐに忍び寄ってくる。足の裏はあまりの冷たさからカイロの効き目も弱い。足の裏が冷えると，寒さが全身に広がる。

　さらに悪いのは雨の日である。ここでもスキーヤーとバイク便ライダーは違う。天気の悪い日，スキーヤーは雨ではなく，雪に降られることが多い。雪はカッパがすぐにはじいてくれるが，雨はカッパにいつまでもまとわりつく。だから，防ぐにしても限界がある。水が隙間から容赦なく入りこんできて，その水が体感温度を一気に下げる。

　さらに，バイク便ライダーは，荷物を受け取るときと届けるときにカッパを脱がなくてはならない。脱いだカッパを停めたバイクのボックスに入れて，そこから，（届け先，または受け取り先の）会社まで歩くときにまず濡れる。さらに会社から戻ってきてボックスを開けてカッパを取り出して着る間にも濡れる。こうなると，もはや侵入してくる（こういう表現を使いたくなる）水を防ぐことなど不可能に近い。体感温度はいよいよ下がり，それがヒリヒリするような

「痛さ」へと変わり，徐々に感覚がなくなって意識が遠のいていく……。

　そんなわけで，バイク便ライダーをはじめて，まず，この違和感＝寒さが，普段，ぬるい生活をしていた私には，強烈なものとして感じられた。そこから導き出される問いは，たとえばこんなものだった。「なぜ，これほどまでに過酷，かつ危険な労働が存在しているのか？」「バイク便ライダーの仕事の過酷さ，危険さを緩和するためにはどうすればよいのか？」。

　きっと，バイク便ライダーを短いあいだ，体験しただけの人ならば，このような問いを立てるだけで終わるのかもしれない。しかし，参与観察に時間の制限はない。フィールドに深く入り込んでいけばいくほどみえてくるものがある。実は，寒さや痛さの先に，もうひとつの違和感があった。そこから，問いはさらに展開していくことになる。

⑵　気持ちよさ

　寒さや痛さは不快なものである。しかし，私は，バイク便ライダーを続けるなかで，徐々にそのマイナス方向へのベクトルが反転して「気持ちよさ」を感じるようになってきた。

　長いストレートを全速で走っているとき，車と車の間をハイスピードですり抜けたとき，難しいコーナーを制したとき，本来感じているはずの寒さや痛さが忘れられ，とてもいい気分になる。そんな感覚が，寒さや痛さの先にある，もうひとつの違和感であった。

　こうなると，バイク便ライダーをしていることがそれほど苦痛ではなくなる。バイク便の世界では，仕事に「はまる」という言葉がしばしば使われるのだが，私は自分自身「はまる」状況に入ったのである。バイク便ライダーとしての自負が芽生え，最初は恥ずかしかったユニフォームやボックスを括りつけたバイクも誇らしく思えてくる。これは何だろう，と思う。最初はあんなにつらかったバイク便の仕事をこんなに好きになっている自分がいる。

　ここで，新たな問いが生まれる。「こんなにバイク便ライダーという仕事を好きになってしまっているのはなぜか？」という問いである。これは，寒さや痛さにのみ意識が集中していた初期の段階では出てこない問いだろう。それは気持ちよさという，寒さや痛さのもう一歩先にある違和感を覚えてはじめて出

てくる問いである。

　実は，この問いこそ，その後，調査の中核となってくる問いとなる。そして，この問いをめぐる考察が，バイク便ライダーをめぐる従来の研究と私の研究を分かつオリジナリティーの源泉ともなっていく（この点についてはもう少し先で詳しく触れることにしよう）。

(3) 問いを立てる

　ここまで，バイク便ライダーの世界を例にとって，まずは参与観察法の「入り口」すなわち問いを設定するところまでをみてきた。そこで重要になってくるのは「違和感」である。その大きさが，普段，自分の生活している世界と調べる世界との落差の大きさであり，それが大きければ大きいほど，その世界を調べようとするモティベーションも高まる。

　そして，ここからが重要なのだが，その違和感は，参与観察をはじめて間もないとき，すなわちフィールドに入って間もないときにこそ，強烈に感じられるものである。だから，ありきたりな表現になるが，「最初が大事」ということでもある。

　最初に感じたその世界の不思議さをどのように理解し表現していくか。それが参与観察法の醍醐味だとすると，まず，その世界に対する違和感を，自らの「問い」へと，いかにダイレクトに，わかりやすく昇華できるかが重要になってくる。バイク便ライダーの調査でいうと，それは，「寒さや痛さを忘れさせるほどの気持ちよさ」という違和感を，「なぜ，自分はこれほど過酷な仕事を好きになったのだろう」という問いに変換するという作業であった。問いはわかりやすく，シンプルかつダイレクトなものであるほど，そのあとの研究計画は立てやすくなる。

　問いが設定されれば，あとは，その問いを解くという作業が待っている。つまり，具体的な研究の方向性を絞り，調査を実行していくことになる。2つ目のステップ「問いを解く」に入っていくわけである。ここで重要となってくるのは，2つ目のコツ「聞き上手になる」ためのコミュニケーション能力である。

知りたいことを聞き出す

　バイク便の現場に戻ろう。私がバイク便ライダーの職場に入り，まず立てた問いは「なぜ，私は仕事にはまっていくのか？」というものであった。バイク便ライダーという仕事に「はまる」とはどういうことなのか，そして，その背後にはどういったメカニズムがどのようにはたらいているのか。それが解くべき問いであり，それに沿って調査を計画していくことになった。

　ここで，他者の存在がはじめて前面に出てくる。問いの設定までは，自分の感覚を頼りに突き進めばよい。しかしここから先は，人に聞く必要がある。なぜなら，どれだけ自分の感覚を突き詰めていったところで，自分のことは自分ではなかなかわからないものだからである。

　自分で自分を客観的に分析することはとても難しい。しかし，同じ立場にいる人の話を聞く。そして，その人たちの経験をパッチワークのように組み合わせる。そうすることで，自分のおかれている状況，そしてそれを生み出すメカニズムがみえてくるかもしれない。バイク便ライダーであった私はそう思い，まわりの「はまっている」ライダーたちに話を聞くことにした。ステップ1が＜自分との対話＞であるとしたら，ステップ2は＜他者との対話＞である。いかにして人に話を聞くか。それが重要な課題となる。

(1)　仲良くなる

　人に話を聞く。そのためには，当然のことながら，まず，その人と仲良くなる必要がある。

　バイク便ライダーの世界でいうと，この段階はそれほど困難なものではなかった。それは入ったフィールドが労働の現場であったこと，そして，趣味を媒介としたコミュニケーションが可能であったことと関係している。

　まず，労働の場であること。これは，自分が「初心者」としてその場に入っていくことを意味する。自然と，先輩，後輩の関係のなかに入っていく。最初から役割が固定されていることは，コミュニケーションを潤滑にする。つまり，職場では先輩が後輩に仕事についていろいろと教えるわけだから，私は優秀な

後輩を演じればよい。

　しかし，役割が不明瞭であると，自分がどういう役割を演じればよいかわからないため，それを定めるところからコミュニケーションをはじめなくてはならない。たとえば，ファン同士のはじめてのオフ会だったりすると，はじめはお互いの役割が不明瞭であり，まずはそのなかの序列を見極め，自分の役割を定めるところからはじめなくてはならない。その段階を，労働現場のフィールドワークでは省くことができる。

　つづいて，共通の趣味を介したコミュニケーションが可能であること。バイク便ライダーはバイクが持ち込みということもあって，趣味としてバイクを楽しんでいる人が多い。そのため，待機場所などでは，しばしば，バイクの話になる。共通の話題があれば，コミュニケーションをとることも容易になる。

　しかし，同じ労働現場のフィールドワークでも，趣味を介した仕事でないと，まず，何をきっかけに親密なコミュニケーションをとるかについて考えなくてはならない。仕事以外で相手との共通点（趣味のこと，家族のこと，恋人のことなど）をみつけることはなかなか困難で，逆に疎遠になってしまう危険性もある。その段階を，趣味的な現場でのフィールドワークでは省くことができる。

　その意味で，バイク便ライダーというフィールドは，私にとって二重の意味でラッキーな場所であった。つまり，①役割がはじめから固定されている，②共通の話題がある，というのが，参与観察をはじめるさいに，その敷居を低くする2つの条件であり，その条件をバイク便ライダーの職場は満たしていた。実際，バイク便ライダーたちと仲良くなるのには，この2つの条件ゆえにそれほど困難なものではなかった（しかし，逆にいうと，その条件がそろっていなければ，被調査者と親密な関係を築くさい，①フィールドにおける自分の役割を定める，②共通の話題をつくる，という2つの段階を踏まなくてはならないことになる）。

(2)　聞き上手になる

　被調査者と仲良くなったら，次は，その人の話を聞くという段階に入る。ここからが重要である。相手から聞きたい情報をどのようにして引き出すか。いよいよ調査は具体的な中身の部分へと入っていく。

　先ほど，「優秀な後輩を演じる」といったのだが，この「優秀な」というの

は「聞き上手な」ということである。被調査者から自分の聞きたい情報を引き出すためには、相手の話を上手に聞く必要がある。それが、ステップ2のコツ「聞き上手になる」である。

　しかし、それはたんに「はい」「なるほど」「へー」といいながら相手の話を聞くということを意味しているわけではない。むしろ、ときには相手に反論しつつ、話を盛り上げ、相手の真意を引き出すことが必要なこともある。

　具体的な例をみていこう。仕事にはまる要因として、バイクという趣味の問題が絡んでいるということを気付きはじめたころのことである。私は、バイク便ライダーたちの語るバイクの世界が、いわゆる一般のライダーたちの語るバイクの世界と大きく異なることに興味をもち、そのことについての情報を集めようとしていた。

　結論を先取りすると、バイク便ライダーたちのなかでは「仕事による趣味の書き換え」とでも呼ぶべき現象がみられる。それは、一般のライダーが思うようなバイクの「かっこよさ」を、バイク便ライダーたちが自らの仕事の価値観に合わせて書き換えていく過程である。それが、バイク便ライダーたちが仕事にはまる要因、寒くて痛い仕事を気持ちのいい仕事にする要因のひとつとなっている。

　「仕事による趣味の書き換え」が起こると、たとえば、私の当時乗っていたスカイウェーブというビッグスクーターは、「一般人はかっこいいと思うけど自分たちの世界ではかっこ悪いとされるバイク」に分類され、たとえば、ホンダ（耐久性がある）で、250CC（燃費が良く高速にも乗れて車検がない）で、細身（すり抜けがしやすい）で、中古で安く買える（初期費用が少なくて済む）バイクが、「一般人はかっこ悪いと思うけど自分たちの世界ではかっこいいとされるバイク」に分類されるという、バイクをめぐる価値の転換が起こる。すると、職場でバイクの話になったとき、私のスカイウェーブを見ながら「阿部くんはスカブー（スカイウェーブ）なんだね。気合入ってないねー」といわれたりする。

　さて、ここからが問題である。ここで、私は、A「そうっすね」というのがいいか、B「でも、友だちにはかっこいいっていわれるし、俺もそう思うんですけど」というのがいいか……。

　正解は、Bである。つまり、Aは単なる肯定で、話がそこで終わってしまう。

Bは反論なのだが，このあとの議論を引き出すことができるかもしれない。議論になれば，相手の真意を引き出せる可能性も高まるだろう。実際，このあと，そのライダーとともに「バイクのかっこよさ」について議論し，そのなかからいくつかの貴重なデータを入手することができた。

　つまり，聞き上手になるとはこういうことである。相手の話を聞くだけでなく，相手を議論に引き込み真意を引き出すことである。だから，聞くこととは，受動的な営みではなくきわめて能動的な営みである。工夫しなくては，聞きたいことを聞き出すことはできないのである。

(3)　フィールドノートのつけ方

　以上，参与観察法に基づいて調査を実行する，その際に気をつけるべきことをみてきた。フィールドでは，こうやって，知りたいことをどんどん聞き出していけばよいのだが，ステップ2「問いを解く」で忘れてならないのは，そうやって聞き出したことを書き留めておくという作業である。つまり，フィールドでの発見を記すノート＝「フィールドノート」をどうつけていくかという問題である。

　はじめに，参与観察法とは，調査する場所に自ら入り込み，被調査者と行動をともにしながら調査する手法のことをいい，それは被調査者と同じ場所に立ち，泣き，笑い，悲しみ，喜び，苦しむことであるといったのだが，一緒に泣き，笑い，悲しみ，喜び，苦しんでいる仲間が隣でレコーダーをまわしていたり，一生懸命メモをとっていたりしたら，被調査者としては興ざめもいいところだろう。やはり基本的には被調査者の前でフィールドノートをつけるなんてことはせずに，一人になったときにこっそりとつけるのが望ましい。

　ただ，バイク便ライダーのフィールドでは，みんなでいるときにも，自然にフィールドノートをつけることができた。それは，バイク便ライダーたちが全員，荷物の届け先や受け取り先，その時間などのメモをとる小さなメモ帳を常時，携帯していたためである。だから，バイクに座って話しながら，メモ帳をとるなんてことをしてもまったく不自然なことではなかった。私はライダー仲間と話しながら，ときどきメモ帳に情報を書き込み，たまった情報を家にもち帰ってまとめるという毎日を送っていた。

つまり，フィールドノートをつけるという営みは，ただ，情報を書き留めればよいということなので，それぞれの調査者がそのフィールドに合わせて工夫すればよい。被調査者に不快な思いをさせず，しかも新鮮なデータを書き留める方法をみつけることが，ステップ2「問いを解く」における最後のステップである。

大きな文脈に置き換える

知りたいことを聞いて，そのデータをまとめたら，いよいよ調査も大詰めを迎える。最後のステップ，ステップ3「考察を加える」をみていこう。

バイク便ライダーのフィールドに入ったときの私の問いは「寒さや痛さも忘れさせるほどはまらせるバイク便ライダーという仕事の魅力は何か？」というものであった。一人で考えていてもわからないので，それについて周囲のライダーに聞いてまわり，その要因のひとつとして「仕事による趣味の書き換え」という現象が存在することを発見した。バイクという趣味はバイク便ライダー仕様のものへと書き換えられ，労働と趣味の境界線が消えていくなかでライダーたちは仕事に没入していく。

それが結論だということで，ステップ2までで終わりにしてもよいのだが，その調査結果を通して社会の何がみえてくるのかを考え，調査結果に考察を加えるのも悪くない。この段階がステップ3である。そこで重要になってくるのが，自分が調査のなかでつかんだことを大きな文脈に置き換えるという作業である。そのためには，まず「比較」という視点が必要となってくる。

(1) 比較する

バイク便ライダーの世界の話は，バイク便ライダーの世界だけにとどまる話なのか，それとももっと普遍性のある話なのか。つまり，他の世界との比較のなかで見えてくるものは何か。バイク便ライダーの調査を終えた私は，一般的に「好きなことを仕事にした」とされる，さまざまな職種の人たちと話をした。SE，建築家，研究者，介護士など。

話を聞いていると，そこにはある種の共通性があった。そして，そこから導

き出される考察は「好きなことを仕事にするのは危険です」などというようなありきたりなものではなく，より構造的な，社会経済的な問題であった。

　好きなことを仕事にして，それによって仕事とやりがいが完全に絡み合い，仕事にはまっていく。そのメカニズムを解き明かしたのがバイク便ライダーの参与観察だったのだが，重要なのは，なぜ，彼らがそうするのか，正確にはそうせざるを得ないのかという点である。

　本章を最初から読んでいる方はお気づきだろう。バイク便ライダーの仕事とは，寒く，痛い，肉体的に非常にきつい仕事だった。そんな仕事が「気持よくなった」という私の言葉は，やはり正確なものではない。「気持ちよくなったと思わなくてはやっていけない」というのが本当のところだった。バイク便ライダーのワーカホリックとは，要するに，ギリギリの精神状態で生み出された，生存のための「知恵」であった。

　つまり「そう思わないとやっていけない」，それほどきつく不安定な労働環境に置かれている人びとのワーカホリックは，「心」の問題ではない。はっきり，「社会」の問題である。

　他の職種と比較するなかで驚いたのは，バイク便ライダーの話をすると，たとえば，いわゆる「一流企業」に勤めている正社員からも「わかる！わかる！」という反応が返ってきたことである。そこからみえるのは，絶望する非正規労働者と委縮する正規労働者をまとめて串刺しにしている「自己実現系ワーカホリック」（仕事に自己実現を求めワーカホリックになること）という，共通の現象である。

⑵　現場から声を発する意味

　非正規労働者が「上がれない」という絶望感のなかで，大好きな（正確には大好きだと思い込んでいる）仕事へと自閉していく（正確には自閉せざるを得ない）のと同様に，正規労働者も「落ちることができない」という委縮，そして長くなる一途の労働時間のなかで大好きな（正確には大好きだと思い込んでいる）仕事へと自閉していく（正確には自閉せざるを得ない）。そこからみえてくるのは，新卒採用の時点で，「勝ち組」「負け組」が決められ，そこからの移動が難しい日本的な「身分制」のマイナス面が，非正規労働者が増加するなかで顕在化し，

どちらに属する労働者も閉塞感を募らせ，絶望，または委縮している，そんな現在の日本社会の姿である。

　だから，バイク便ライダーの現場から発せられる声は「こんな風に思い込まなくても，余裕をもって色んな仕事に挑むことができるような社会にしてもらいたい」ということである。具体的には，それは，日本的な「身分制」を見直し，再チャレンジのしやすい社会にしていくことであり，正規雇用と非正規雇用の間の格差を縮めていくことである。

　そんな大きな文脈に置き換えることで，仕事にはまるバイク便ライダーを調査するという，一見，何てことのない営みも，現代社会に対する批判となりうる。読み手に現在の社会のあり方の再考を迫るような，そんな調査を最終的には目指してもらいたい。

　つまり，ステップ2で終わらない，ステップ3まで届くような，みている場所は限定的だが，普遍的な問いにつながるような社会調査。そんな調査を完成させるためにも，これから参与観察に入る人には，是非，最初に挙げたステップ1からステップ3までの全体を見据えた調査計画を立ててもらいたいと思う。

練習問題

　自分の所属している集団（部活，サークル，地元仲間，ファンの集まりなど）のうちで，最も興味あるものを選び，そのなかで参与観察を行ってみよう。まず，自分がその集団の中で普段，持っている違和感をベースに，調査の問いを設定する。その上で，その問いを解くべく，その集団の内部の人に話を聞いたり，その集団のなかで大事にされている「モノ」や「場所」に注目したりしながら，集団独自の文化について調べる（その過程をフィールドワークに書き留めておく）。最後に，そこで発見したことを社会的な文脈の中に置き換え，考察を加える。こうした流れに沿って参与観察を行い，そこで分かったことをレポートにまとめてみよう。

📖 おすすめの文献

① ジャック・ロンドン［行方昭夫 訳］1903＝1995『どん底の人びと――ロンドン
1902』岩波書店

『野生の呼び声』などで知られるアメリカの作家，ジャック・ロンドンによるロンドンの
貧民街のルポルタージュ。20世紀初頭の労働者階級の厳しい生活の状態が生き生きと映
し出されている貴重な記録であるとともに，自分が見てきたものをどのように伝えれば
よいのかを学ぶのに有益な一冊でもある。

② 松永伸太郎 2020『アニメーターはどう働いているのか――集まって働くフリーラ
ンサーたちの労働社会学』ナカニシヤ出版

参与観察を中心にしたフィールドワークをベースに，アニメーターの身体や空間の使い
方に関する分析を行った本書は，2020年以降，新型コロナウィルスの感染拡大によって
「集まること」が制限される中で，私たちの生活から何が失われたかを考えるきっかけと
もなる一冊である。

③ 松村淳 2021『建築家として生きる――職業としての建築家の社会学』晃洋書房

「建築家」というものがどのように変化してきたかを明らかにする本書は，インタビュー
調査，参与観察の深さだけでなく，その社会的文脈への位置づけが明晰で，射程の長い
一冊となっている。筆者自身の建築士試験の受験体験を元にした「セルフエスノグラフ
ィ」（補論）は自身の経験を理論化する際の優れた例である。

（阿部 真大）

第Ⅱ部 ● 質的調査の進め方

<u>Column 1</u> 「フィールドへの引きこもり」とその予防・対処法

　本書の読者のなかには，各章での魅力的な体験談やアドバイスに鼓舞され，ともかくもフィールドに飛びこむことが何より大事だ，と意気込んでいる方がいるかもしれない。そうした姿勢そのものはいいことだと思う。けれどもそれが「書を捨てよ，町へ出よう」という具合に，頭でっかちの理論は捨ててもよい，という感覚とどこかで結びついているなら，ちょっと待って欲しいという気がする。そこで本コラムでは，あえて（文化系的？）書斎派の観点から，（体育会系的？）現場第一主義に少しばかり茶々を入れてみることにしたい。

　そもそも「書を捨てよ，町へ出よう」というのがフィールドワーカーのスローガンであるとすれば，そこには，人びとの実生活が営まれているフィールドの方が，社会のリアルな姿に近いという考え方が潜んでいるだろう。死んだ文字が羅列された閉ざされた書物の世界の「外」に出てこそ，いきいきとした社会のほんとうの姿に触れられるのだ，と。けれどもフィールドが必ずしも「外」であるとは限らない。むしろそこに何かしら確かなものがある（はずだ）と安心して，フィールド経験という手持ちの資源に居直ってしまうとき，フィールドは容易に「内」へと反転してしまうだろう。「書斎への引きこもり」ならぬ「フィールドへの引きこもり」という事態も十分に生じうるのだ。

　フィールドにはリアルがある——それを認めるとしても，しかし，そのリアルをつかむには言葉が必要である。概念が必要である。それを論文にして他人に伝えるには，さらに方法論的な軸の設定や構成，それにいくぶんかのレトリックが必要である。そこには総合的な（広義の）《理論》的能力がかかわっている。「言葉にはできないけれども自分にはたしかにわかっているッ！」という実感主義は，フィールドワーカーを支える心性として，ある程度大切だとは思うが，逆にそれが妙な桎梏となることも多い。実感主義に根ざしたフィールドへの引きこもり癖は，こじれるとたいへんやっかいだ。こうした引きこもりの予防，ないしはその対処のためにも，《理論》的能力を養っておくことが役に立つ。

　ここでいう《理論》的能力は，狭義の「理論」的知識とは必ずしも重ならない。個人的に尊敬しているフィールドワーカーの先生は，ゼミの論文指導の場でこう助言されていた。「理論的に書かなくていいから，論理的に書きなさい」。

この言葉は，さしあたり「学術論文」を書くにあたって大学院生（や卒論を書く学部生）が陥りがちなワナ，すなわち，自分が調査をして得られたデータを提示するさいに，何らかの抽象的で難しげな「理論」を引き合いに出さなければ，どことなく格好がつかないのではないか，という思い込みにハマらないように，との忠告である。既存の理論的ツールに頼ることは必ずしも必要ではない。自前のデータから，自分がおもしろいと思った核心をうまく提示して，読者に伝えられるよう，議論を整理し，文脈をつけ，アウトラインを組み立てること。そのように「論理的に」書く作業が何よりも大事なのだよ，と。

　既存の理論的ツールを外挿的にデータにあてはめるのではなく，データそのものからおもしろさの核心を（論理的な形で）引きずり出すことが重要だ——こういわれると，なるほど，とは思う。けれどもこれが実のところたいへん難しい。なぜなら，データにおもしろさの核心を見出すのが調査主体自身である以上，何らかのレベルで，おもしろさの核心がどのあたりにあるかを，あらかじめ調査主体自身が知っておく必要があるからだ。虚心坦懐にデータをみつめていると，神が降りてくるようにおもしろさの核心が浮かびあがってくる，というわけにはいかない。この見極めの力もまた《理論》的能力の大切な要素である。

　ではどうすれば見極めの力が得られるのか。それにはやはり，ある程度数多くの文献を読んでいたり，ゼミなどで耳学問をしていたりする必要があるだろう。そしてまた，さきほどの指摘と矛盾するようだが，《理論》的能力と「理論」的知識とはつながっているところもある。「理論的に書かなくていい」といいながらも，卓越したフィールドワーカーは，実は人知れぬよう理論的書物を地味に読み込んでいる場合が多い（先に挙げた先生もそうだ）。不意に読者の目を開かせてくれ，知的な興奮や感動を与えてくれる，そうした記述の迫力や凄みは，フィールド経験だけにもとづくわけではなく，幅広く，奥深い《理論》的能力にも支えられているのである。

　無頼を気取っていたボードレールは，本なんか1冊も読んだことがないという風に，膨大な書物が収められた本棚を他人に見られぬよう隠していたという。書斎での読書を潔しとしない，現場第一主義を奉じるフィールドワーカー（の入門者）の方々にも，ちょっと隠れて（隠れなくてもいいのだけど）頭でっかちの時間をつくっておくことをおすすめしたい。

（近森 高明）

第6章

インタビュー法

☞「エンコー」から何がみえるか？

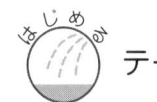 テーマをどう選ぶのか

「あらゆるところにインタビューがある。世界はインタビューでできている。歴史はインタビューによって作られた」（永江朗『インタビュー術！』講談社学術文庫，2002，3頁）。聖書は神と預言者の言葉，論語は孔子の言葉，歴史上に価値ある歴史書や物語の多くは人の言葉から成り立っている。

　普段なにげなくみなさんのみているテレビ，新聞，雑誌にはインタビューがたくさん載っている。テレビやラジオの「お笑いバラエティ番組」は複数のタレントへのインタビューの積み重ねであるし，新聞には政治家や役人，事件の関係者の「話」，識者のコメントが「」つきで掲載されている。また，雑誌には芸能人やスポーツ選手，「今話題の人」たちのインタビューが載せられている。インタビューは「談話」や「コメント」「ヒヤリング」というかたちで，現代社会にあふれている。

　学問の世界でも，インタビューは古くから使用されてきた重要な情報収集方法であった。社会科学調査の90％以上がインタビュー・データを利用しているという指摘もある（J. ホルスタイン＆J. グブリアム［山田富秋・兼子一・倉石一郎・天原隆行訳］『アクティヴ・インタビュー──相互行為としての社会調査』せりか書房，2004，16頁）。インタビューによる情報収集という手法は，社会科学のなかで，1世紀半以上の歴史をもつ，一般的で手堅い調査方法となっている。現代社会のなかで数多くあるインタビューは，たんなる「言葉」や「談話」にすぎない。学問的な裏づけ，つまり理論やディシプリンによる正当化があってこそ，社会調査としてのインタビューは成立する。

　社会学は古くからこのインタビュー調査を行ってきた。1920年代にクリフォ

ード・ショウがアメリカ合衆国で行ったインタビュー調査は，ある非行少年の自伝をまとめたものだった。『ジャック・ローラー』（玉井眞理子・池田寛訳，東洋館出版社，1998）という社会学的古典となっている。当事者が自分について自分の言葉で語るというインタビュー方法は，その後，ライフストーリー研究として定着する。

　インタビュー調査といっても，さまざまな手法がある。面接か電話か，個人を対象としたものか複数の人たちを対象としたものか，特定の項目（仕事や趣味）だけに関するものかその人の人生全般（ライフヒストリー）に関するものかなど，多くの形式がある。

　ここでは，私が行った援助交際に関する研究を紹介したい。大学院の修士課程で理論研究を行ってきた私は，博士課程でこれまで学んできた社会学的知識をいかすために，フィールドワークを行おうと考えた。ちょうどそのころ，1990年代後半の日本社会では，今までの常識や定説を覆すような社会現象や社会問題が次々現れていた。若い世代を対象としたものだけでも，ひきこもりや援助交際，リストカット，摂食障害，少年による猟奇的殺人事件，新興宗教にはまる若者たちとそれに関連するテロ事件などが挙げられる。これらの社会現象や問題に対して，社会学が果たすべき役割は何だろうと考えたのだ。そこで，私は「若者文化のフィールド・ワーク」と称して社会調査を行うことを決め，援助交際，摂食障害，オタク，ストリート・ダンスという対象を選択した。

　これらの現象を社会学的に解明することによって，現代日本社会を分析しようと考えたのであった。これは，ひとつの社会現象や問題を深く掘り下げ調査研究することで，そこから現代社会の特徴をつかもうとする考え方で，いわば「一点突破型」の研究であった。

　援助交際は当時の日本社会にとって，大きな問題となっていた（2020年前後なら「パパ活」みたいな感じ）。この問題に関して，マス・メディアが盛んに取り上げ，多くの学者や評論家がそれぞれの立場からコメントを発表していた。当時の援助交際のイメージは次のようなものだった。大まかにいうと，「普通の女子高生が行う売春」であり，「援交」や「エンコー」と呼ばれていた。

　私はそれまで援助交際をやったこともないし（今もない），援助交際をやった人にも会ったこともなかった。マス・メディアを通して知るのみであった。社

会学の言葉に「擬似環境論」という言葉がある。これは人間の認識や思考がマス・メディアによって構築された「現実」によって大きく左右されるという考え方である。俗にいうステレオ・タイプがそれにあたる。援助交際もステレオ・タイプ化されてはいないかという疑問から、援助交際のフィールドワークを行おうと考えた。その内容は、援助交際を行っている当事者へのインタビュー調査と、援助交際のコミュニケーション・ツールの参加やストリートでの参与観察であった。

調査を行うにあたってのテーマは何でもいい。ちゃんとした調査計画書があれば、何でも調査可能だ。社会現象や社会問題には、必ず「当事者」である人びとがかかわっており、それを支える制度や法律がある。大学生であるあなたが何について知りたい、調べたい、学びたいと思えば、インタビューは、つまり人に聞くということは、その最初のステップとなるはずだ。

 援助交際の話を誰にどうやって聞くのか

「援助交際の調査をする」と先生や先輩に話すと、「そんなのできないよ」といった類の冷たい反応が多かった。そのことは実際に調査を行ってみると実感できた。まず、最初につまづいた問題はどうやって「援助交際をやっている人たち」にインタビューするかであった。援助交際の報道をみれば、どうやら「テレクラ」という場所を利用して、男女が出会い、援助交際を行っていることがわかった。当時は、このテレクラが売買春の温床となっているとマス・メディアによって盛んに報道され、各都道府県が「テレクラ規制」を実施していった。

援助交際の当事者にインタビューを行うには、テレクラに潜入しなければならなかった。まず大阪・梅田のテレクラに出かけてみた。当時1時間3000円くらいだったと思う。はじめて行ったテレクラはまったくアポ（出会いの約束）が取れなかった。ただ薄暗く、机の上に電話機テレビが載せられた小さな個室で、着信音が鳴れば瞬時に受話器を取って、女性との会話の機会を獲得しなければならなかった（「早取り方式」という）。こうして、何度かテレクラに出かけて、アポを取り、援助交際女性に出会い、話を聞くことができた。しかし、最

も頻繁に利用したのは「伝言ダイヤル」という留守番電話機能を用いたメッセージ交換システムだった。これは，登録した男性と女性とがメッセージ・ボックスを割りあてられ，個々人が吹き込んだオープン・メッセージに対する返答を聞くことができ，その返事を返すことができるというものだった。この伝言ダイヤルに次のようなメッセージを吹き込んだ。「私は28歳の男性で社会学の研究者をしています。今，援助交際をしている女の子や伝言ダイヤルで遊んでいる女の子に，お話を聞くという取材をしています。こういう取材に応じてもいいとか，興味あるという方はご連絡ください」。「調

写真6-1　テレクラの個室（大阪梅田）
筆者撮影（2010.7.29）
注：テレクラとは，1985年に誕生した電話サービスである。テレフォンクラブの略称として用いられた。テレクラは，店舗を構えており，男性客が料金（1時間2000-3000円くらい）を支払って，店舗内の個室に入り，一般女性からかかってくる電話を待ち，会話を行う。会話内容は自由で，援助交際ブームの時には，援助交際のコミュニケーション・ツールとして使用された。圓田浩二『誰が誰に何を売るのか？』（関西学院大学出版会，2001）の29頁にその歴史などについての詳しい説明がある。

査」ではなく，「取材」と称したのは，この表現の方がインフォーマント（調査協力者）である「援助交際をしている女の子」にとって，話すことへの敷居が低くなると考えたからだった。このメッセージを聞いて，返事をしてくれた女性と何度かメッセージのやりとりを行って，アポを取り，会って話を聞いた。最初は電話でのみの取材を考えていたのだが，意外に「会ってもいいよ」という女性が多く，面接インタビューへと方法を切り替えていった。

　また，この方法での調査でおもしろかったのは，男性からのメッセージが入ってきたことだった。つまり，男性は，女性として伝言ダイヤルに登録して，男性たちのメッセージを聞いていたのだった。男性からのメッセージには，恫喝から中傷，アドバイスまであった。こうして，「エンコーオヤジ」（2020年頃なら「パパ」）にもアポが取れて，会って，インタビューを行うことができた。

　メインの調査地は関西と東京だったが，地方の状況を調べないといけないと思い，岡山・広島・福岡・熊本にも調査に出かけていった。こうして，調査期間中に57件の面接インタビューと14件の電話インタビュー（電話インタビューは

初期のみ）を集めることができた。

　面接方法は，次のような手順で行った。テレクラや伝言ダイヤルでインタビューの了解を取る。相手の携帯電話番号を聞く（当時は携帯メールでのコミュニケーションが一般化していなかった）。約束の日の前日や時間前に確認の電話を入れる。そして，会って，インタビューできる場所に移動した。多くの場合カラオケ・ボックスを利用したが，相手が乗ってきた車のなかや，ホテル，公園，女性の自宅なんかでもインタビューを行った。とりあえず話の内容が他人に聞かれない場所ならどこでもよかった。

　インタビューの手順は次の通りだった。まず自己紹介をして，テープに録音することの許可をもらう。そして，自己紹介してもらう。名前と年齢，社会的身分，住所を話してもらう。名前は，その女の子が援助交際のときに使っている名前（いわゆる源氏名）が多かった。その後，援助交際の体験を語ってもらう。はじめたきっかけ，出会いの方法，行為の内容，代償として受け取った金額とその使用法，援助交際相手の男性たちについてなど，できるだけたくさん話してもらった。あとは家族関係や友達関係，恋愛関係など，ライフヒストリーについても必ず聞くことにしていた。インタビューは「最低1時間は行う」と決めていたのだが，時には3時間に及ぶこともあったし，重要なインフォーマントに出会った場合，複数回にわたって話を聞いた。

　3年間におよぶ調査のなかで，実にさまざまな「エンコーオンナ」と出会ってきたのだった。なかでも，52歳の「エンコーオバサン」の話はとてもおもしろかった。エリート家庭に生まれ，1960年後半に大学を卒業している元お嬢さんだった。彼女は，大学卒業後，ウーマン・リブ運動に参加したりと，戦後の女性の変化を身をもって経験した一人だった。そんな人も，援助交際を行っていたのだった。

　インタビュー調査は，文字通り，話を聞く調査である。インフォーマントを見つけ，承諾をもらい，インタビューを行わなければならない。質問項目には，あらかじめ仮説に乗っ取った形で詳細に作成した質問紙を用いる場合から，あるテーマについて自由に語ってもらい調査者が詳しい説明や疑問点をぶつけるもの，まったく調査者が質問などしないものまで，実にさまざまである。インフォーマントがみつかっても，何をどう聞くかは，あなた自身のテーマや関心

による。

🌸 インタビューをどうまとめればいいのか ～～～～～

　こうして，集まったインタビューは，日付順に番号を振り当て，テープ起こしを行い，分析を行った。「聞き直すこと，テープ起こしをすること，読むことと読み直すこと，分析すること，フィールドノートを読み直すことは，調査者としての《教育形成》［調査者が成長すること］を早く前進させるにはよい方法である」（D. ベルトー［小林多寿子訳］『ライフストーリー──エスノ社会学的パースペクティブ』ミネルヴァ書房，2003，79〜80頁）と述べられているように，テープ起こしを調査者自身で行うことはとても大切である。インタビュー時には話を聞くことに集中しているため，得られつつある情報を客観的・批判的にみることができない。テープ起こしを行うときには，インタビュー時に，気がつかなかったり，考えがおよばなかった事柄が「もう一度話を聞く」ことで現れてくる。

　まず，最初に行わねばならなかったのは，援助交際の定義だった。援助交際とは何かという問題である。援助交際を行っていた当事者について話を収集することで，「援助交際」の名のもとに，どういう人たちがどういう行為を行うかがわかってきた。援助交際とは，マス・メディアが喧伝していたような「普通の女子高生が中年男性に体を売る」行為ではなく，売買春を含めた，女性の性的な価値を売買するコミュニケーションであることがわかってきた。援助交際は，女性が「お金をもらってHする」という行為だけでなく，食事をしたり，カラオケにつきあったり，下着や裸をみせたり，パンツを売ったり，フェラチオをしたりと，女性のもつ「性的な価値」を男性が金品で交換する取引やコミュニケーションであった。もちろん，女性が男性のもつ「性的な価値」を買う「逆援助交際」も存在する。私が援助交際について与えた定義は，「管理や強制なしに，ある人が金品を代償に，他者の性的な部分を売買することを前提として成立するコミュニケーションである」（圓田『誰が誰に何を売るのか？』56頁）。こうして，「援助交際とは何か？」という問題を整理したあと，具体的なデータの分析を行った。

次に，インタビュー・データの分析による援助交際の類型化を行った。イン
タビュー数が20を超えたあたりから，援助交際という行為内容の質について何
となく違いがわかるようになった。注目したのは，援助交際を行う動機と，援
助交際を行うことへの見方・捉え方，そして，当事者が援助交際を行うことに
よって何を得たのかという３点であった。たとえば，援助交際をたんなる効率
のいいアルバイトであると考え，セックスをする女性たちがいる。一方では，
援助交際に，人の温かさや癒しなどのコミュニケーション的なものを求める女
性たちがいる。一口に「援助交際」といっても，個々人の動機や考え方，獲得
するものは異なっている。私は，援助交際女性たちを，３系統４類型に分類し
た。効率追求型①「バイト系」，欲望肯定型②「快楽系」，内面希求型③「魅力
確認系」と④「AC系（AC＝アダルト・チルドレン）」（2020年前後の言葉で表現す
ると「メンヘラ」に近い）である。①は援助交際を実入りのいいアルバイトとと
らえるタイプ，②は金品の獲得とともに性的快楽も重視するタイプ，③は自分
の女性としての魅力を確認したいタイプ，④は心理的な安定感や人格的な承認
を求めて援助交際をするタイプである。この類型化の手法を用いて，男性の類
型化を行ったあと，「援助交際」という社会現象の具体的な特徴の記述と，社
会学的分析とに入っていった。こうして，この援助交際のフィールド・ワーク
から，恋愛論や性の商品化論，少女論，メディア論，時空間論，コミュニケー
ション論，社会調査方法論へとテーマを広げ，論考を積み重ねていった。
　インタビュー・データは，できる限り，相手の了解のもとに，録音すること
をおすすめする。断られた場合は，ノートをとるという方式で，必ず記録しよ
う。大事なのは，こうやって苦労して手に入れたデータの分析である。あなた
がもっていたテーマに関する先入観や仮説がインタビューによって，どう肯定
されたのか，否定されたのかを，データを見直すことで考えてみよう。また，
ある程度の数のデータを収集できたら，共通する項目を拾い上げて，一般化さ
れたパターンである類型を作ってみよう。まったく異質なデータをみつけたな
ら，それは幸運なことで，その人はなぜそう語ったのかを，じっくりと考えて
みよう。

インタビュー調査の可能性と限界はどこにあるのか

「少なくともテープレコーダーが回っている限り，極端な場合，儀礼的な言説しか集められないという危険がある」（ベルトー『ライフストーリー』79頁）といわれているように，インタビュー調査は，調査者が聞きたいこと，知りたいことを，データとして収集できない可能性がある。なぜならば，それはインタビューされることによってインフォーマントが何らかの不利益が生じる可能性があるからだ。そのため，インフォーマントのプライバシー・個人情報の保護は重要な問題である。このリスクを軽減するため，調査者とインフォーマントとの信頼関係の構築である「ラポール」がインタビュー調査では必要だとされてきた。

インタビューが成功しない理由のひとつとして考えられるのが，インフォーマントにとって，調査者がそのインタビューをどのようなかたちで利用し，公表するかがわからないため，なかなか話したくても話すことができないという状況が想定できるだろう。そのために，調査目的と成果の発表の仕方の明示，データの公表の許可の取得，インタビューを記述・録音することが必要とされる。また，インタビュー調査の場面では，「オフレコ」をインフォーマントから要請されることがしばしばある。ここだけの話で，公表しないでほしいというわけだ。このように，インタビュー調査にはいくつもの問題点がある。インタビュー調査は，一見簡単にみえるかもしれないが，非常に難しい調査方法なのである。

私がインタビュー調査の限界を感じた事例を紹介しよう。私が行っている離島の調査では，日本本土からやってくる移住者の増加をテーマのひとつとして研究をしている。調査地として選んだ離島には何年も通い続け，毎年インタビューをお願いしている人がいる。その人は，毎年移住者の状況について尋ねると，「移住者が増えて島が良くなってくればいい」といった類の型どおりの答えしか返してくれなかった。しかし，その人に誘われて早朝浜辺での散歩に行った帰りのことだ。その人が車を運転しながら，ある移住者の住居の横を通ったとき，ぼそりと「（このままだと）島が乗っ取られる」とつぶやいたのだった。

この瞬間「島の人」の本音が聞けたと思った。と同時に，何度もインタビューを行っているにもかかわらず，この言葉を聞き出せなかった調査者としての自分にも限界を感じたのだった。彼の「島が乗っ取られる」のつぶやきはもしかしたら「島の人」としての本音ではないかもしれない。しかし，この言葉に私はショックと限界を感じたのだった。

　この問題をクリアできる可能性をもつのが私の行った援助交際の調査である。まず，私の行った援助交際のインタビュー調査は，インフォーマントの属性上「匿名的関係性を維持したインタビュー」と名付けることができる。匿名だからそのインタビュー・データに信頼性がないかというと，そうではない。このインタビュー方法は，現代の日本社会において，日常の社会空間では語ることのできない経験をもつ人びとにとって，非常に有効な調査方法なのである。「旅の恥はかき捨て」ではないが，「知らない人だからこそ，普段話せないことを話すことができる」という現代社会のコミュニケーション状況に適合したインタビュー法なのである。この匿名的な関係性を維持した社会調査では，従来の調査論でいわれていた「ラポール」ではなく，「匿名的な親密さ」が必要となる。インタビュー空間では，「匿名的な親密さ」と呼ばれる調査者とインフォーマントとの関係性が誕生し，それを利用するかたちでインタビューというコミュニケーションが展開される。それは一言でいえば，親密な相手にではなく，「知らない人だから話すことができる」というコミュニケーションである。

　最後にインタビュー調査の欠点としてよくいわれるデータの一般性と代表性の問題に触れておきたい。「フィールドワークでは，《統計的に代表的な》サンプリングという概念はほとんど意味を持たない」（ベルトー『ライフストーリー』49頁）とあるように，インタビュー・データから「人びと」や「社会現象」の一般性と代表性を語ってしまうのは危険である。インタビュー調査では，インタビューできた人びとから集めることのできたデータの範囲内で考え，記述し，分析し，発表すべきである。そして，ある事象についての，インタビューが収集・蓄積されてくれば，類型化やドミナント・ストーリー（優勢な物語）を抽出し，さまざまな研究の出発点として利用することができる。

　インタビューは，実のところ，非常に難しい調査方法である。このことは，実際に，インフォーマントを捜し，インタビューを行って，データと向き合い，

分析し，発表したあとで，いろいろと気づかされることが多いのである。本当は，インタビュー調査を行ったことで得られる成果や実績よりも，インタビューという体験や，そのあとにいろいろと考えたり，気づいたりする経験があなた自身にとって大切なものとなるかもしれない。

◆インタビュー調査のこつ
(1) テーマを決め，仮説を考える。
(2) 誰にどうやって聞くのかを考え，調査計画書を作成する。
(3) インタビューの承諾をもらい，アポイント（会う約束）をとる。
(4) 話を聞く（できれば録音の許可をもらう）。
(5) データをまとめる（文字起こし）。
(6) データを読みかえし，考える。
(7) 仮説の適合性を検証し，データから何がいえるのか，表現できるのかを考える。
(8) 発表したり，論文化する（個人情報の保護には十二分に注意を払い，できれば，事前にインフォーマントにチェックしてもらう）。
(9) 礼状を送る。あるいは，研究成果を贈る。

 練習問題 ～～～～～～～～～～～

　家族や友達，知り合い（ゼミの指導教員にも！）に，仕事について，15分間のインタビューをしてみよう。いつ（職歴も），どこで，なぜ，待遇，職場環境，その魅力，不満・改善点など，自由に話をしてもらおう。時間は15分間厳守で，自分がいろいろな相手からどこまで話を聞けるかに挑戦してみよう。インタビューは相手の許可をもらって，録音かメモをとってみよう。5人分集めたら，項目ごとに図式化して，共通点と相違点を比べて，年齢やジェンダー，住所，学歴，家族構成などから再検討してみよう。そして，自分の今の仕事や将来の仕事について考えてみよう。

🕮 おすすめの文献

① 永江朗 2002『インタビュー術！』講談社現代新書

　一般的な，学術的ではない，インタビューについてわかりやすくまとめた新書。インタビューの準備，話の聞き方・まとめ方について，筆者の体験をもとにわかりやすく説明している。インタビューという行為が，インタビューをする人，インタビューをされる人，インタビューを読む人という三者の立場によって成り立っていることを，あらためて認識させてくれる。

② スタッズ・ターケル［中山容訳］1983『仕事！』晶文社

　アメリカで115もの職業人の「仕事」について，たんたんとインタビューを行った本。時間がたっても少しも古びた感じがしない，ただただ人々の「仕事」についてインタビュー収集を行った本である。ちょっとした事典くらいの厚みがある。ピューリッツァー賞を受賞した名著。

③ 圓田浩二 2001『誰が誰に何を売るのか？──援助交際にみる性・愛・コミュニケーション』関西学院大学出版会

　1990年代後半に社会問題化した援助交際という現象を，インタビュー調査を用いて，社会学的に分析した研究書である。インタビューとその分析をもとに，援助交際という社会現象から見えてくる現代日本社会を，性・愛・コミュニケーションの観点から分析を行っている。と同時に，「一般化」の難しさ，インタビュー・データの偏りなど，インタビュー調査の限界点も提示されている。

（圓田 浩二）

ライフストーリー法

⊷ いかに「具体的な人間」を描くことができ

るのか？

 ## ライフストーリー法とは何か

「あなたはどのようにしてパン屋になったのか，お話してくだされればありがたいのですが」。

フランスの社会学者ダニエル・ベルトーは，ライフストーリー法を論じた『ライフストーリー──エスノ社会学的パースペクティヴ』（小林多寿子訳，ミネルヴァ書房，2003）のなかで，パン屋のライフストーリー・インタビューではこのようなフレーズで話しかけたことを紹介している。ベルトーは，1980年代初め，ライフストーリー法リバイバルの牽引役をはたした社会学者であるが，ライフストーリー法をもちいた最初の調査は1970年代に行ったパン屋の研究であった。

数量的調査の全盛期であった1970年代当時，なぜライフストーリーに着目したのだろうか。ベルトーは社会が「具体的な人間」で構成されていることを社会学者たちが忘れていることに気がついたからであると述べている。「具体的な人間」によって社会はつくられていることに立ち返るとき，「具体的な人間」を考える方法としてライフストーリーに行きあたったという。

パリの町にはいまも街角のあちらこちらにパン屋がある。多くのパン屋では店の奥で主人がパンを焼き，マダムが店頭に立ってパンを売っている。このような職人的パン屋は，厳しい徒弟修業を経てパン職人になり，長時間労働と低賃金に耐えながら，やっとパン屋をもつことのできた人たちの店である。パン食漸減や小麦粉の値上がり，食志向の変化に直面しつつ零細な家族経営で奮闘している。パン屋の仕事は過酷であるのに，なぜ職人的パン屋がいまも生き残っているのか。「フランス人はおいしいパンが好きだから」という説明では納

得できなかったベルトーは，「具体的な人間」としてのパン職人，パン屋主人とパン屋のマダムのライフストーリーを聞く調査に取り組み，パン屋を支えるメカニズムをあきらかにしている。

イギリスの社会学者ケン・プラマーもまたベルトーと同時期にライフストーリー法リバイバルの立役者の一人であった。『生活記録の社会学——方法としての生活史研究案内』（原田勝弘・川合隆男・下田平裕身監訳，光生館，1991）のなかで，ライフストーリー法とは「具体的な人間」に接近し，人間のさまざまな経験を調べ理解していく方法であると述べている。

「具体的な人間」と出会い，そのライフストーリーを聞くということはいかなることであるのか。そもそもライフストーリーとはなにか，そしてライフストーリーを用いる調査はどのように進めていけばいいのか。ライフストーリーからどのような成果が得られるのか。方法としてライフストーリーをもちいるやり方をくわしくみてみよう。

 **「具体的な人間」と出会う**

(1) だれのライフストーリーを聞くのか

ライフストーリーとは個人の「生きられた経験の語り」である。ライフには生活や生命のほかに人生や生涯という意味があるが，ライフストーリーは生活の語りであるとともに人生の物語である。オーラルに話されたものであれ，文字で書かれたものであれ，誕生から現在にいたる人生全体を視野にいれることのできる自伝的ナラティヴでもある。実際にはたとえ一生全体が語られていなくとも，＜現在の私＞が個人の歴史性にもとづいて＜過去の私＞を語るものである。このような個人の語りをもとに社会事象や社会問題を論じる方法がライフストーリー法である。

社会調査でライフストーリー法をとる場合，ライフストーリーを語ってもらいたい「具体的な人間」とはどのような人であろうか。この問いはライフストーリー法が生かされるのはどのような人を対象としたときであるかという問題にもかかわっている。ライフストーリーを語ってもらいたいのは，なんらかの

当事者であり，その社会的属性が主題化される人であるだろう。ベルトーのようにパン屋である場合も，プラマーのように性的多様性を体現する人たちである場合もある。あるいは戦争体験者，移民，非行少年，慢性疾患者，マイノリティなどのように，歴史的出来事を体験した人，問題経験を抱えている人のライフストーリー研究にはすぐれたものが多くある。これまで注目されなかった少数の人たち，あるいはある事件や出来事の体験者の経験をあきらかにするのにライフストーリー法がきわめて有効な手法になるだろう。

　顔にあざのある女性のライフストーリーを研究した西倉実季は，『顔にあざのある女性たち――「問題経験の語り」の社会学』（生活書院，2009）において，「異形であること」がいかに困難をもたらすのか，これまで主題化されることのなかった女性たちの問題経験がいかなるものかを彼女たちのライフストーリーからあきらかにした。彼女たちが人生のなかで困難にどう向き合ってきたのか，いかに対処してきたのかをたんねんに描くことではじめてこの問題経験を抱える人たちが顕在化しており，ライフストーリー法が最適な方法として生かされている。

　他方で，ライフストーリー法は「普通の人びと」も対象としている。アメリカの文化人類学者ディヴィド・プラースは『日本人の生き方――現代における成熟のドラマ』（井上俊・杉野目康子訳，岩波書店，1985）において1970年代の日本社会で中年期を生きる男女の成熟の諸相をあきらかにしたが，「ごく普通の日本人の人生」を描きだすためにプラースがインタビューの相手に選んだのはどの人も「普通の人びと」であった。

　小倉康嗣もまた2000年代の日本社会を生きる中年期の人たちに焦点をあて，『高齢化社会と日本人の生き方――岐路に立つ現代中年のライフストーリー』（慶應義塾大学出版会，2006）において密度の濃いライフストーリー研究を展開している。従来，人生の絶頂期としての中年期は「不惑」としてみなされたのに，寿命の伸びで出現した人生後半の長い時間をいかに全うするかを思案せざるを得ないステージへと変容した。現代日本の中年期を生きる世代にライフストーリーを語ってもらい，中年期の社会的変化と個人の人生にとっての中年期の意味の変容を「中年の転機」としてとらえようと試みている。現代を生きる誰もが直面するであろう中年期というライフステージを主題とし，「普通の人びと」

の生涯を対象としている。

　ライフストーリー法はどんな研究テーマや調査対象でも有効であるわけではない。ライフストーリーを十分に生かすのにふさわしいテーマや対象があり，その問題意識のもとで取り組まれるべきである。ライフストーリーの特徴を理解すると，自分が取り組みたいテーマにとってライフストーリー法がふさわしいアプローチであるかどうかがみえてくるであろう。

⑵　ライフストーリー・インタビューを進める

　ライフストーリー法をとることに決め，オーラルなライフストーリーを得ることを企画するとき，インタビュー対象者をいかにみつけ，どのようなプロセスで進めていけばいいのであろうか。

　私のおこなった日系カナダ人一世の調査の例から紹介しよう。トロントでの調査対象をカナダへの移民送出の多かった和歌山県出身者に絞っていたので，まず県人会へアプローチすることからはじめた。地元の日系コミュニティ紙のイベント案内にのっていた県人会の連絡先に電話して，当時の会長にインタビューした。さらにその方の紹介により語り手に出会う機会を得ている。私のとった調査の進め方は，調査対象者の属性を定めたうえで，キーパーソンとなる人に最初にインタビューし，その人から紹介してもらうという方法によって個々の語り手にたどりつくというものであった。

　最初の語り手にインタビューする機会を得る，その人を起点にして次の語り手へいたるという方法は，ベルトーがパン屋の研究でもちいた「雪だるまストラテジー」にヒントを得ている。ベルトーの場合は，製パン労働者のライフストーリーを語ってくれる人にはパリの製パン労働者組合の事務所を訪ねて出会っている。パン屋主人へのインタビューは，たまたまバカンス中に立ち寄ったピレネーのパン屋で調査趣旨を理解してくれるパン屋主人に出会い，その人が近隣の同業者を紹介してくれて，対象者がひろがっていった。最初の一人に出会えたなら，その人に同じカテゴリーに入る知人を紹介してもらい対象を広げていくことができる。ベルトーは，「パン屋と製パン労働者のあいだの知己の糸に従って，ある人から次の人へと動いていった」というこの方法を「雪だるまストラテジー」（雪だるま式サンプリングあるいは雪だるまテクニックともいう）

と呼んでいる。「雪だるまストラテジー」はいもづる式に対象者に会うプロセスであり，機縁法とも呼ばれるが，個人がその社会構造上の属性に応じてもつ人間関係のネットワークに着目したことになる。ベルトーは，そのストラテジーによってフランスのパン屋の社会構造の諸関係を論じるのに十分な数の対象者に出会うことができた（ベルトー『ライフストーリー』）。

　西倉はセルフヘルプ・グループを通して「あざのある女性」に出会い，小倉の場合は，隠居研究会という市民グループが語り手へつながるルートをつくってくれた。このように県人会や組合事務所，セルフヘルプ・グループや市民グループなどのような調査対象者の属性や関心，関わる問題に関連したなんらかの＜集まる地点＞がある。昨今はインターネットのなかにその＜集まる地点＞はあるかもしれない。いずれにしても＜集まる地点＞をみつけたなら，そこが足がかりとなりうるであろう。あるいはプラースは日本の知人や研究者の友人に紹介してもらったと述べているが，最初から知己のつてに頼るということもありうるだろう。

(3)　インタビューを重ねる

　ライフストーリー法を進めていくとき，何人の人に何回くらいインタビューをおこなったらいいのだろうか。

　中野卓は1977年に一人の女性のライフストーリーを『口述の生活史──或る女の愛と呪いの日本近代』（御茶の水書房，1977）として出版している。これは日本の社会学におけるライフヒストリー研究を切り拓く転換点となった作品である。中野の狙いは「庶民の個人史を通して日本近代の社会史へ微視的に迫ること」にあったが，明治時代半ばに生まれ，大正・昭和と生きた唯一人のライフストーリーからいかに豊饒な「生きられた経験」を描き出せるかが示されている。この女性のライフストーリーは，大出春江がおこなった「作品化のプロセス」の分析によると，質問紙調査による地域生活調査の前段階を踏まえたうえで，少なくとも３回以上の対面的なインタビューでの語りがもとになっている（大出春江「『口述の生活史』作品化のプロセス」中野卓・桜井厚編『ライフヒストリーの社会学』弘文堂，1995，71〜108頁）。

　社会学的なライフストーリー法では複数の人びとのライフストーリーを集積

していくやりかたのほうが多いであろう。たとえばベルトーは製パン労働者から30人のライフストーリーを集めている。ライフストーリー・インタビューを重ねていくプロセスは調査者にとっては「知識の飽和」プロセスであるという。調査者としてのベルトーは，最初のライフストーリーで多くのことを知り，ついで2番目，3番目と続いて，15番目のライフストーリーまでに，製パン労働者の人生を作りあげる社会構造の関係パターンを理解しはじめた。パン屋のライフストーリーから得た知識を付け加えて，25番めのライフストーリーまでにパン製造業の構造パターンと最近の変化についての「明確な図」を得たことがわかった。「雪だるまストラテジー」にもとづいてあるパターンが析出される「知識の飽和」のプロセスは，調査者がインタビューを進めていくなかで調査の狙いあるいは研究テーマにもとづいて立てた問いへの答えを調査者自身が段階的に体得していくプロセスでもある。

　ベルトーにとっては，フランスのパン屋という伝統的な徒弟制の残る職人的家内製造業における「一塊りのパンで終わる毎日のプロセスの下にある社会構造関係のパターンを理解する」ために製パン労働者の人生を知るのには30人のライフストーリーが必要であった（ベルトー『ライフストーリー』）。

　先に挙げた研究例からみると，あざのある女性のライフストーリーを研究した西倉は，十数名のインタビューを行い，そのなかから「人生を包括的に描き出す」ことをねらって3人のライフストーリーを「人生を把握できている程度」の基準で選んで論じている。西倉は主観的な現実をとらえるにはインタビュー対象者の人数ではなく，インタビューの掘り下げ方あるいは調査者側の理解の程度が重要ではないかと考えている。3人のライフストーリーは2回から4回という複数回のインタビューを試みた成果である。

　小倉の場合も9人にインタビューしたなかから3人のライフストーリーをとりあげ，それぞれがいかに生き方を模索し，生を構成しているのかをふんだんな語りからあきらかにしている。その語りは一人あたり4時間から6時間というインタビューのうえに，さらに約3年後に再インタビューを実施して得られたものである。その再インタビューは，たんに2回目に会う機会というにとどまらず，1回目のインタビュー成果を語り手へ事前に送付してから臨み，調査者の解釈を確認しさらに語りが展開するという生成的なインタビューであった。

何人の人にライフストーリーを聞くのか，何回インタビューするのかということは研究テーマや調査対象者の状況にも拠っているだろう。種々の理由で一度だけの機会しか得られない場合もあるだろう。対象者の事情だけでなく，調査者の「知識の飽和」や理解の程度という調査者側の状況もインタビューを進める要点のひとつである。

　インタビューを複数回おこなう調査においてその進め方のヒントになるインタビュー方法としてドイツの社会学者ガブリエル・ローゼンタールが提起するインタビューの三段階の設計と「不干渉のテクニック」を紹介しておきたい[1]。

　ローゼンタールは，ナチス時代を生きた親世代，祖父母世代のライフストーリー研究を行ったが，以前の調査で質問を固定したインタビューが失敗をもたらした反省から，ライフストーリーを自由に語ってもらうインタビューを試みるようになった。そのやりかたが「不干渉のテクニック」である。とくに1回目のインタビューでは特定のテーマを設定せず，人生全体を念頭において自由に語ってもらうよう依頼する。聞き手である調査者は関心と注意をはらいつつ語られるのを聞くが，しかし質問はせず，語りが途切れたときに語り続けることをうながすだけのインタビューである。

　ローゼンタールは，3つの段階のうち，第1段階でこの「不干渉のテクニック」をもちいてライフストーリー・インタビューを行っている。つまり第1段階では，質問はせずに聞くことに徹し，主に言葉によらない励ましをあたえるだけである。第2段階で，語り手がすでに言及したテーマのひとつに対して，調査者であるインタビュアーがもっと話してほしい点を頼むことによって詳細を引き出していく。第3段階で，新しいトピックや抜け落ちているテーマを取りあげていく。ローゼンタールの方法は，複数回のインタビューを重ねることを前提として，「不干渉のテクニック」で引き出された最初の自由な語りのなかから語り手が重要で意義あると思っているテーマを導きだし，2回目以降のインタビューでそのテーマに焦点化していくやりかたである。これは語り手の語りたいことを語ってもらうインタビューであり，調査者が方向づけない，非指示的インタビューともいわれるやりかたである（L. L. ラングネス＆G. フランク［米山俊直・小林多寿子訳］『ライフヒストリー研究入門──伝記への人類学的アプローチ』ミネルヴァ書房，1993，65～66頁）。語り手が意義あると考えていること，そ

第7章●ライフストーリー法

してその生きられた経験をより緻密にすくい上げることができるだろう。

 ## ライフストーリー法の成果

　ライフストーリー・インタビューは，たいていの場合，語り手の許可を得て録音機器を作動させ録音する。そして持ち帰り，文字に起こす。つまりトランスクリプトを作成する。インタビューで語られたままではライフストーリーにはならない。なぜならオーラルな語りには繰り返しや冗長なところが多く，話題があちらこちらに飛んだりして出来事が生起順に整然と語られることはむしろ少ないからである。だから，インタビューでの語りを秩序づけて再構成するという編集の作業をまず行う。その際，語りの内容を時系列に編纂することで，人生の流れに沿ったライフストーリーとなっていく。あるいは語り手の語り方や語りから論じたいテーマにしたがって語られたライフストーリーの内容分析へ進むこともできる。語りのトピックスでくくり，時系列に並べ替える，あるいはトピックスの類別とトピックスについての話題の豊富さをみることによって分析を試みることができる。

　一方で，ライフストーリーの内容分析だけではせっかくのライフストーリーの特性を半分しか生かせなくなることに注意したい。ライフストーリーは，分析して細かい経験の単位に切り刻むことも可能であるが，全体的にとらえる視点も重要である。ライフとは人生であり，生涯であるから，現在の時点で再構成される過去の経験には，時間的な観点からいうなら，誕生から現在にいたるまでの経験が包括的に含まれるはずである。語り手自身は職業や家族などさまざまな生活の単位をもっているが，本人にとってそれらはつねに統合的に把握されているはずである。ライフストーリーを全体的に統合的に包括的にとらえてみようという視点をもつことも必要であろう。

　実際，ライフストーリー法をもちいた研究では，「具体的な人間」のライフを包括的に描き出すことを重視して，個別のライフストーリーの呈示に十分な紙幅をとるケースが多くある。先に挙げた西倉もプラースも小倉も，一人ひとりのライフストーリーに1章ずつ割いて，それぞれの語り手の生き方や人生の軌跡を考慮しつつライフストーリーを存分にあらわしている。

複数のライフストーリーを作品化する手法としてよく知られているのがアメリカの人類学者オスカー・ルイスが提起した「羅生門」式手法である。ルイスが1950年代から60年代にかけてメキシコやプエルトリコでの研究成果をあらわした作品のなかでも，とりわけ『貧困の文化』（高山智博訳，新潮社，1970）と『サンチェスの子供たち』（柴田稔彦・行方昭夫訳，みすず書房，1969）はライフストーリーの作品化の手法にいまもなお大きな影響をあたえている。その特徴は，複数のライフストーリーを映像的手法を援用して作品化したところにある。なかでも「羅生門」式手法は，1950年の黒澤明監督による映画『羅生門』にヒントを得てライフストーリーを並列的に呈示する方法であり，間主観的な現実を個人的な語りで示そうとした斬新な手法でもあった。ライフストーリー法における「羅生門」式手法は，同じ社会的属性をもつものの複数のライフストーリーを重ね合わせるという手法である。同じ場に生き，同じ社会的属性をもつ人たちのライフストーリーを重ね合わせるなら，経験の共通性と各個人の独自性をみることができ，そしてより個性化された経験を浮かびあがらせることができるだろう。たとえばある歴史的出来事が複数の人びとにどのように経験されたのかを示すときにはその強みが発揮されるにちがいない。マクロな社会構造とのダイナミックな関係，あるいは社会史と個人史の交差点を「具体的な人間」を中心にして考察することが可能になる。

 ## ライフストーリー法の実践へ

(1)　調査者にとってのライフストーリー法

　ライフストーリー法は「具体的な人間」に会うという手法であるが，社会調査をするうえで「具体的な人間」に会うということは調査者にとってどういう意味をもつのだろうか。

　たくさんの人のなかからある一人の人にスポットライトをあてる。光に明るく照らしだされてその人の姿が浮かびあがる。顔だけでなく体形，服装，表情，その人の外見が私の目に入り，その人の声が私の耳に届く。そしてその人は私にとって特別な存在になる。ライフストーリー法とはある一人の人が顔と名前

をもった個人として私にあらわれ，表情やしぐさもふくめてまるごとその人と直接に対面し，その人の声を聴きながらその人の個性も踏まえてその人の生きられた経験を理解しようとする方法である。

では，特別な存在になるとはどういうことであろうか。私の調査例から考えてみたい。

トロントで日系カナダ人一世のライフストーリー・インタビューを重ねていたころ，郊外住宅地にある老人ホームで暮らすAさんという90代の女性に3回のインタビューを行ったことがある。

3回目のインタビューのとき，私は不思議な気持ちを味わった。その日，約束の時間より早く到着した私は，老人ホームの外のバス通りの向こう側で待つことにした。道の向こう側からホームの1階の玄関横のガラス張りのダイニングルームが見渡せる。昼食を終えた老人たちが椅子に座ったまま，おしゃべりをしている。その光景をながめていると，老人たちは表情が乏しくなにか生き生きしたところがなくて，集合した老人たちの生気のなさ，表情のなさが印象的であった。ところがその直後，約束の時間になり，ホームの玄関に入り，Aさんに対面すると，まったくそう感じられないのである。Aさんがあの無表情な老人たちの集団の一員であるのが信じられないような不思議な気持ちをいだいた。スポットライトをあびて浮かびあがるかのように，集合した老人に対してAさんは特別な個人として私には識別され，Aさんと対面したのである。

その日のAさんの装いもよく覚えている。グレーのワンピースに藤色の毛糸のベストを着て，モスグリーンの七宝焼のブローチを付けて，ウェーヴのかかった美しい銀髪姿であった。

私はすでに2回のインタビューでAさんのライフストーリーを聞いていた。もはや私にとってAさんはホームの入居老人として類型的に把握される人ではなく，A.シュッツの言葉でいう「バイオグラフィカルな状況」をもった個人と認識して体面している。ライフストーリー法は直接的なコミュニケーション行為をとおして「個性的個人」を照射することであり，語り手との直接的な対面関係をもつコンソシエーツとなった調査対象者が調査者自身にとって独自性と意味をもつことになる[2]。

⑵ ライフストーリー法の展開のために

　これまでに述べてきたことを踏まえて，ライフストーリー法をさらに展開していくための留意点としてつぎの３点を挙げておきたい。１つには，ライフストーリー法はコミュニケーション行為の観点からも考察されることである。ライフストーリーを得るためには，生身の「具体的な人間」と対面して，人間的なつながりをもつ。つまり，直接に対峙する場があり，それはコミュニケーションの場である。このことはライフストーリーが調査者と調査対象者の相互性のもとにあることも意味している。書かれたライフストーリーであっても，ライフストーリーを読む，理解するという行為はコミュニケーション行為である。２つには，解釈的であることに特徴がある。自己の経験をあらわすこと，自分のライフを表現することは解釈的行為である。ライフストーリーをとおして人のライフを理解すること，生きられた経験をとらえようとすることもまた解釈的行為である。語られたライフストーリーをテクストとして分析し解釈することがライフストーリー研究の中核となる。３つに，ライフストーリー法は帰納的であり個性記述的であることも特徴である。帰納的とは演繹的に対して対立的にもちいられる言葉であるが，対象に法則や原理をあてはめるのではなく，「具体的な人間」の個別の事例からなにか特性や一般的なことを引き出そうという志向をさしている。さらに個性記述的とは，法則定立的と対極的な研究志向であり，個別性を重視し個性をとらえあきらかにすることをめざす立場である。ライフストーリー法は，個別の経験に照準しているという点からみれば発見的（heuristic）手法であり，別の言い方では，検証ではなく「発見（discovery）」をめざす手法ともいわれる[3]。

　ライフストーリー法による研究とは，プラマーがいうように，人間が主体的で個人的な存在であるという観念にもとづいた方法として「人間主体の方法」である（プラマー『生活記録の社会学』１～18頁）。それは調査対象が人間であるというだけではなく，調査者自身が人間として対象者に相対峙することもさしている。つまり，「人間主体の方法」としてのライフストーリー法は，人間が人間に向かい合う手法である。「ひとがひとに会う」というライフストーリー・インタビューへの注目からライフストーリーは相互行為論からも論じら

れている。自己の経験をいかに構築するのかという点で構築主義の影響も受けており、理論的な動向も視野にいれて考えるとライフストーリーに主軸をおいた研究の奥深さが一層理解されるであろう。ライフストーリー法から「具体的な人間」をいかに豊饒に描きうるか、実際にこの方法を実践してみることが理解への近道である。

 **練習問題**

　祖母など二世代くらい上の方のライフストーリーを書いてみよう。まずライフストーリー・インタビューを申し込む。1回2時間程度で、録音し、後日文字おこしして編集することの了解を得よう。インタビュー中はメモもしっかりとり、後日内容確認・補足のためトランスクリプトをもってもう一度会ってみよう。できあがったライフストーリー作品はお礼の言葉を添えて語り手に送ろう。こうしたプロセスのなかで、語り手が最も大切に考えていることや、影響を受けた社会的出来事、人生の転機について考えてみよう。

📖 おすすめの文献

① ダニエル・ベルトー［小林多寿子 訳］2003『ライフストーリー──エスノ社会学的パースペクティヴ』ミネルヴァ書房

　社会学的調査にライフストーリー法をもちいた先駆者であるフランスの社会学者ベルトーがあらわしたライフストーリー法のテキストである。リアリストとアンチリアリストというふたつの立場を示してライフストーリー法を論じる。具体的な調査の進め方はライフストーリー法調査論としても示唆に富む。

② オスカー・ルイス［高山智博 訳］1970『貧困の文化──五つの家族』新潮社／同［高山智博・染谷臣道・宮本勝 訳］2003『貧困の文化──メキシコの"五つの家族"』筑摩書房

　アメリカの文化人類学者オスカー・ルイスがメキシコでの家族研究の成果をあらわしたエスノグラフィである。原題『五つの家族』のとおり、5つの家族のそれぞれの一日が豊かに描かれる。ラフストーリー法にとって重要な「羅生門」式手法を提起した作品として知られる。

③ 小林多寿子 編 2010『ライフストーリー・ガイドブック──ひとがひとに会うために』嵯峨野書院

ライフストーリーの古典から最新作に至るまで，多領域で編み出されたライフストーリー作品をわかりやすく解説したライフストーリー研究の案内書である。理論的背景も考慮した入門書としてライフストーリー法の系譜の理解に役立つ。ライフストーリー法実践の多様な可能性が示されている。

1）桜井厚・小林多寿子編『ライフストーリー・インタビュー──質的研究入門』せりか書房，2005，106～108頁。Gabriele Rosenthale, 2004 "Biographical research" Seale, C./Gobo, G./Gubrium, J.F/Silverman, D.（eds.）*Qualitative Research Practice,* SAGE, pp.48-64.
2）コンソシエーツとは A. シュッツの言葉で，対面的関係にあって時間と空間を共有している他者のことである（M. ナタンソン編［渡部光・那須壽・西原和久訳］『社会的現実の問題［Ⅰ］アルフレッド・シュッツ著作集（第1巻）』マルジュ社，1983，28～30頁）。
3）プラースは『日本人の生き方』で「めざすところは，発見 discovery であって，検証ではなかった」という観点を示している。

（小林 多寿子）

COLUMN 2　量的調査からみた質的調査

　私はこれまで，質的調査と量的調査の両方にたずさわってきた。たしかにある面では慣れてきたが，ますます難しく思うようになったこともある。調査における言葉とのつき合い方はそのひとつだ。言葉というと質的調査においてこそ気になりそうなものだが，私の場合はむしろ量的調査に多くかかわるなかで意識するようになった。ここでは，その話しをしてみたい。

　量的調査を行うと統計的データが得られる。それらは主に数値で表現されるので，「数値は苦手！」とか，「数値なんて表面的だ！」などと思う人もいるだろう。調査を学び始めたころの私は，実はそうだった。たしかに，質的調査が示す人の生のリアリティは圧倒的だ。この調査法でこそ人の暮らしの機微を理解できるのだ，といいたくなるのもわかる。けれど今の私は，「統計的データにも人の暮らしの機微は宿っていて，それも魅力的だ」と思うようになった。

　それはなぜか。ひとつには，統計的データを読み書きする私の能力が上がったからだろう。数値に対する私の不信は，自分の力不足の問題だったわけだ。とはいえ，その読み書きはじっさい難しい。それは，数値による表現が，文法や専門用語の学習を必要とする一種の外国語のようなものだからだと思う。しかし量的調査は，そのような数値だけで成立しているわけではない。調査の中心概念は何か，結果の数値をどう理解するか，そうした思考はすべて調査者自身の言語（私ならば日本語）で行われる。したがって，量的調査では，言語で表現された概念をどのような統計的表現（設問形式など）で表すか，結果の数値が参照するべき言葉は何か，などが常に問題となる。つまり，量的調査の特徴は，言語と数値の両者を主要な調査言語とし，そのため両言語間の翻訳が発生する点にある。たとえば，量的調査に対する批判に尺度構成の暴力性に関するものがあるが，翻訳の出来不出来はこの暴力性の程度を左右する。私は，この一例が示すように，この翻訳にこそ量的調査の困難とおもしろさがあると思う。

　ひとつのエピソードを引こう。翻訳家の柴田元幸は，著書『生半可な學者』で，本来「適度に小さくて楽しい我が家」という満足のニュアンスを持つ英語の歌詞が，日本では「狭いながらも楽しい我が家」と快い諦めのニュアンスで訳されているという事例を紹介している。彼はここに，どのような状態を「楽しい」とみなすかの日米の文化差をみる。全面肯定を好むアメリカでは，家はあくまで満足できる程度には広くなくてはならず，「狭いけど楽しい」という

ことはあり得ないが，限定つきの肯定を好む日本ではむしろ快い諦めの表現のほうがリアルなのであり，それを簡潔に表現した見事な翻訳であるという。

　言語はそれを用いる社会集団において定義づけられるという意味で，特定の文化を背負っている。この歌詞の訳者は，原詞が背負うアメリカ文化の文脈で訳すこともできたはずだが，実際には楽しさの日本的リアルを表す訳（狭いながらも楽しい）を選んだ。しかし，もしこれが調査なら，この訳は不適切である。調査者として他者と出会うときには，そこで生じた違和感と，それが指し示す文化的差異の存在こそ注目すべきものだからだ。この例でいえば，日米の違いを示すために，あくまで「適度に小さくて」と訳すのが適切なのだ。

　ということを踏まえてなお，この訳には調査にたずさわる者として見習うべき点がある。翻訳においてより重要なのは，最終的な訳語そのものよりも，双方の言語および文化の相違に対してどれだけ意識的であれるかということだ。これがもし，アメリカ文化を知らず，たんなる日本的理解で「狭いながらも」と訳したならば，仕上がりは同じでも名訳とは呼べないはずだ。つまり，2つの文化の差異を理解した上で自覚的に選択された翻訳であるという点に，この名訳の素晴らしさがあるのだし，またそれこそが翻訳の本質なのだろう。

　同じ言語，たとえば日本語同士の場合は，背後の文化差の存在は意識にのぼりにくい。しかし，方言や若者言葉は，日本というフィールドのなかにも文化差があることを示している。そのように顕在化してはいなくても，調査者とは異なる言語定義をもつ下位文化がフィールドに存在する可能性は常にある。つまり同じ言語同士の調査場面でも，翻訳が発生している可能性を不断に意識する必要があるはずなのだ。おそらく，相手と自らの言語および文化の相違に関するその意識を高度に保ちながら翻訳に挑むことが，「言語」を唯一の調査言語とすることの多い質的調査の，重要な作法のひとつなのではないかと思う。

　このように考えてくると，質的調査と量的調査は，手順や調査言語は違っても意識的な翻訳が要だという点で，よく似ていると思う。どんなに熱心にフィールドワークをしても，どんなに高度な統計的技法を駆使しても，この翻訳ということをないがしろにしては調査という営み自体が成立しないだろう。かつて対極にあると思っていた2つの調査法が，実は同じ苦労をわかちあう仲間だったと気づいて私はずいぶん驚いた。でもそれは，心地よい驚きだ。何となく，こう声をかけてみたくなる。「お互い，言葉には苦労しますなぁ」。

（岩渕 亜希子）

雑誌分析法

☞ ファッション誌は何を伝えているのか？

「オリーブ少女」と「JJ ガール」

　SNS のない時代におしゃれ好きな少女だった私は，きわめて熱心にファッション誌を読みながら成長した。1980年代当時，女子中高生に人気のあるファッショナブルな雑誌と言えば創刊されたばかりの『Olive』であった。『Olive』は日本の女の子たちのファッションを変えたと言われるほどの本格的なファッション誌であり，パリのリセエンヌ（フランスの中高生）をお手本に，着る服はもちろん，インテリアや身の回りの雑貨に至るまでのあらゆるおしゃれが提案されていた。女子中高生を中心とした読者は「オリーブ少女」と呼ばれ，社会現象にもなったほどだ。ご多分に漏れず，私も夢中になり，暗記するほど熟読し，外見も中身も「オリーブ少女」になろうと努めたものだった。

　しかし，ロマンティック＆アヴァンギャルドを標榜していた『Olive』のファッションは，かわいく，今で言うガーリーではあるが，一方でゴスロリにも通じるほど個性的な面もあり，ファッショナブルではあるもののこれから迎えようとする大学生活には馴染まないであろうことが推測された。そこで私は高校3年生になると，『Olive』だけでなく，当時の女子大生に人気が高かった『JJ』や『CanCam』を意識的に読み始めた。今のように，インターネットやスマートフォンがある時代ではない。おしゃれな大学生はどんな格好でキャンパスに通っているのかを詳しく知るためには，こういった女子大生向け雑誌を読んでリサーチするのがいいだろうと判断したわけだ。

　それは，今までのロマンティックな「オリーブ少女」の世界とは正反対の，現実的かつ実用的なファッション誌であった。パリ特集もなければ，リセエンヌも登場しない。代わりに，東西の人気大学のキャンパスでポーズをとる女子

大生の読者モデルの姿があった。当時は，時代がバブルに向かう頃だ。女子大生のファッションはどんどん華やかになり，ブランドバッグに原色やプリント柄のカラフルな服が主流となり始めていた。ワンレンボディコン。ルイ・ヴィトンやシャネルのバッグ。耳たぶが痛くなるぐらい大きなイヤリングにハイヒール。中には趣味が悪いと感じられる色合いのワンピースや満艦飾なニットも含まれていた。それは，『Olive』で学んだファッションセンスでは理解できないものであった。

　しかし，好きではないので，ある程度冷めた目で雑誌をながめることができる。疑問も次々と沸いてくる。なぜ，彼女たちはブランドバッグを見せびらかすのだろうか。なぜ，関西の読者はロゴ入りの服やバッグが好きなのか。東京の女子大生が，神戸の女子大生に比べて地味なのはどうしてか。彼に好かれるファッションっていったい。などなど。

　何よりも一番気になったのは，なぜ，彼女たちはこれほど男の子の目を気にするのか，ということだった。『Olive』には，「男の子が好きだからこの服を着よう」という発想はなかった。しかし，この雑誌ではそれが基準に物事が回っている。というよりも，いかに好かれるかをコンセプトに雑誌が作られている。なぜ，そんなに好かれなければならないのだろうか。

　その答えももちろん『JJ』には，書いてあった。「JJ育ちの結婚神話」という連載は，『JJ』卒業後に「最速マダム」となった『JJ』読者の幸せな結婚生活を紹介するページである。広いリビングでフラワーアレンジメントに勤しむマダムの笑顔。まるで，幸せなマダムになりたければ，『JJ』を読むのがいちばんよ。『JJ』を読んで，「JJガール」になるのが女の人生の花道なのよ，と言われているようだった。それは，ファッション誌というものは，実はファッション（だけ）を伝えているのではないということに私が気づいた瞬間だった。

　よし，「最速マダム」になろうとは思わなかったが，私はこの不思議な『JJ』の世界に憑りつかれた。「JJガール」になるかどうかはともかく，とりあえず，女子大生でいる限り，『JJ』を読み続けようと決心した。それが，女子大生であることの証のような気がしたのだ。

　高校時代は「オリーブ少女」だった友人も皆，「JJガール」に変わり始めていた。実際，私が通っていた大学でも，華やかで女らしいファッションに身を

包んだ女の子は『JJ』に読者モデルとして登場していた。大好きで買い集めた『Olive』と好きではないのに買い続けた『JJ』が今の私の研究の原点になるとは当時は思いもしなかったが。

　もっと，自覚的に雑誌を研究しようと考えたのは，その後「JJガール」コスプレを経て，大学院に入ってからだ。1995年，一冊のファッション誌が創刊された。「『JJ』，『クラッシイ』で育った今の30代へ。」を謳い文句に，『VERY』が世に出たのである。まだ20代半ばの私にとって30代の専業主婦向け雑誌は，本来対象外であった。将来の自分には役立つかもしれないが，家事や育児に奮闘する主婦のファッションを紹介する雑誌はその当時の私のライフスタイルには何の参考にもならなかった。しかし，大学院生の私にとっては，願ってもない研究対象が現れたのだ。これで，「JJ育ちの結婚神話」が明らかになる！「JJガール」になって結婚したら，本当に幸せになれるのか。幸せな結婚生活とはどんなものなのか。

　この雑誌を研究しよう！　と私は決意した。それ以来，1号たりとも欠かさず『VERY』を読み続けることになるのである。

「生き物」としての雑誌

(1)　雑誌を集める

　こうして私は1995年の5月から四半世紀以上にわたって，毎月7日には『VERY』を買うという生活を続けている。25年というのはなかなか難しいかもしれないが，雑誌を研究しようと思ったら，一定期間は継続して購読することをすすめる。ある程度のデータがなければ，雑誌を分析することは難しい。最低でも数年間，しかもその期間においては1号たりとも欠かしてはいけない。別のやり方，たとえば，同じ時期に出た『JJ』と『CanCam』と『ViVi』といった異なる雑誌を比較するという方法も考えられるが，それでも1号だけ比較したのでは，たまたまその号だけの特徴かもしれないので，分析としては不十分なのである。ともあれ，長年にわたって収集することで見えてくるものは多いのだ。

もちろん，新たに出続ける雑誌を購入するだけでなく，過去のバックナンバーを探すことも考えなければならない。ネットオークションや古本屋は積極的に利用しよう。思いがけないお宝が手に入ることもある。また，国会図書館や大宅壮一文庫には雑誌のバックナンバーが揃っているので，大いに利用すべきであろう（足を運ばなくても，記事をネットで検索することができる）。ファッション誌に関しては神戸ファッション美術館もかなり充実している。

　近年はデジタルアーカイブも増加し，雑誌自体もデジタル化がすすんでいるので，紙の雑誌しかなかった時代に比べて，情報を収集しやすくなっている。しかしながら，紙の雑誌を並べてみてはじめてわかることもあるので，デジタルアーカイブが手に入るからといって安心してはいけない。

　自分の手元に置いて，いつでも取り出せる状態にあるのが理想であるが，そんなことをしていると自分の住むスペースが侵食されていく。いかに必要な資料を確保し，保存するか。このあたりが，雑誌研究の難しいところであろう。

⑵　雑誌を分析してみる

　このように苦労して集めた雑誌をどのように分析すればよいのだろうか。最初から調べたいことがはっきりしている場合は順に見ていけばよいが，そこまで明確ではない場合は，まずは創刊号に注目すべきだろう。創刊号というのは，雑誌の作り手の想いが詰まっている。新たな雑誌を世に出すことで肩に力が入っているものが多い。だが，その分作り手の意図——この雑誌を通してどのようなメッセージをどのような読者に届けたいのかが明確に描かれている。

　『創刊の社会史』（ちくま新書，2009）で難波功士は「1冊の創刊号には，さまざまなドラマが織り込まれ，かつ当時の社会が刻み込まれている。創刊号を開くことは，それに関わる送り手側の人間模様だけではなく，あたかもタイムカプセルに閉じ込められたかのような，その時代精神をアクチュアルに追体験することでもある」と述べている。

　だから，創刊号を分析することは重要なのであるが，華々しく誕生した新雑誌もその行く末は順風満帆とは限らない。○周年記念号として，大々的に誕生日を何度も祝える雑誌の方が結果的には少ないであろう。むしろ，多くの雑誌が，創刊号の意図とは異なる方向に修正を余儀なくされていく。その意味では

創刊号や○周年記念号に注目した後は，その雑誌のリニューアル号に注目すべきである。リニューアルされるということは何らかのテコ入れが必要であったということだ。つまり，新雑誌が思ったほど読者に支持されず，仕切り直しを迫られているということだからだ。なぜ，ダメだったのか。なぜ，読者は受け入れなかったのか。場合によっては，編集長を交代し，何度リニューアルしても部数を回復できず，休刊（実質的には廃刊）に追い込まれることもある。残念ながら『JJ』もそうだ。あれだけの発行部数を誇り，一時代を築いた雑誌がなぜ？と思うかもしれない。しかし，5年，10年と歳月が流れる間に，時代が変化し，人びとの社会意識や時代精神もまた移り変わっていくのだ。

たとえば，創刊時の『an・an』と50年以上たった現在の『an・an』は誌名と版型こそ同じだが，まったく別雑誌のようである。ターゲットとなる20代の女性たちのファッションはもちろんライフスタイルも意識も大きく変わっている。こうして，新たに誕生した雑誌は時代とともに変化していく。あるいは，その役割を終え，世を去っていくのだ。まさに，それは「生き物としての雑誌」（浜崎廣『雑誌の死に方――"生き物"としての雑誌，その生態学』出版ニュース社，1998）の姿であり，創刊から廃刊まで，その雑誌の生死のプロセスを追っていく行為は雑誌評論家の浜崎廣が言うように「生態学」であるかもしれない。

もうひとつのやり方は雑誌の登場人物に注目する方法だ。とりわけファッション誌に顕著なのであるが，表紙も含めてひとつの雑誌には専属のモデルが起用されることが多い。そのモデルをキャラクター化し，クローズアップすることで，雑誌がモデルを通して描こうとしていることがより明確に表現できる。なんと言っても，モデルはその雑誌が示す理想の女性像であり，男性像なのだ。ただ理想を追求するあまり，モデルは現実の読者像とはかなり乖離していることも少なくない。たとえば，40歳前後がターゲットの雑誌であっても専属モデルには10歳ほど若い女性が起用されることも多い。

そこで，欠かせない登場人物となってくるのが，もっと読者に近い形のモデル，とりわけ近年の雑誌には必須の存在となった読者モデルである。より読者に近いライフスタイル（学生，OL，主婦など）を送っている者こそ，絵空事ではなく，「本当」の意味での読者の理想像になりうる。読者モデル自体は『JJ』が創刊された50年近く前から誌面に登場しているが，これほどクローズアップ

され，プロのモデルをしのぐほど支持されるようになったのは，2000年頃からである。近年では，SNSの影響力が看過できないようになり，読モ（読者モデル），ブロモ（ブログモデル）の存在感はますます増大している。インフルエンサーの原型は読モにある。もとは一読者であり，限りなく読者に近い存在であるからこそ，読者モデルのファッションやライフスタイルは，リアリティを持ち，共感される。「明日の読者モデルは私」という感覚が，私のための雑誌という意識を芽生えさせるのだ。それだけに人気読者モデルの○○さんや○○ちゃんを丹念に追っていくことは，その雑誌に読者が求めているものをより明確なかたちで浮かび上がらせることができるだろう。

　このように，雑誌をしらべる方法としては，大きく分けて雑誌そのものを「生き物」としてとらえ，通時的に見ていくやり方と雑誌の登場人物（中身）に注目して，読者も含めたそのコンテクストを共時的に読みといていくやり方があるだろう。しかし，この2つの方法はそれぞれ別々に存在しているのではなく，重なる部分も多々あり，同時に行うこともある。雑誌研究だけでなく，すべての調査研究において言えることであるが，遠くから俯瞰的に眺めることと（鳥の目），ひとつの焦点を定めて（たとえば読者モデル）詳しく観察すること（虫の目）の両方が必要なのである。もちろん，どちらにおいても客観的にものごとを見ていく視座は常に必須であるだろう。

 ファッション誌を読みとく

(1) 『Olive』を鳥の目で読む

　ここからは実際に雑誌を分析してみよう。まずは，すでに廃刊された雑誌の「生きざま」をみていくことにしよう。具体例として挙げるのは，私が雑誌に興味を持つきっかけとなった『Olive』である。『Olive』は1982年に創刊され，2003年に休刊されたが，その20余年の間に大きく2度様変わりしている。まずは，創刊号の『Olive』から見ていこう。

　ファッション誌『Olive』は同じマガジンハウスから出版されていた男性ファッション誌『POPEYE』の女性版として世に出た。つまりは「ポパイ」の

恋人だから「オリーブ」なのである。創刊時のキャッチフレーズは，「Maga-zine for City Girls」であり，『POPEYE』と同じく，アメリカ西海岸のスタイルをお手本とし，ファッションもアメリカン・カジュアルを標榜していた。読者も『POPEYE』と同年代の女子大生が想定されていたのだ。しかし，この路線はそれほど支持されなかったらしく，わずか1年で女子中高生にターゲットを変更して大幅にリニューアルされることになる。第二期『Olive』の幕開けである。

　ここから，あの伝説の『Olive』が始まったと言っても過言ではない。アメリカ西海岸からヨーロッパ，それもパリに路線を変更した新生『Olive』に付けられたキャッチフレーズは「Magazine for Romantic Girls」であった。この時期に『Olive』は『POPEYE』の女性版という位置づけから離れ，「ロマンティック」をキーワードに生まれ変わったのである。具体的にはパリに住む高校生リセエンヌがクローズアップされ，読者のライバルに設定されたのだった。1984年2月18日号の記念すべき初のリセエンヌ特集を皮切りに，『Olive』は80年代を通して「リセエンヌはオリーブ少女のおしゃれライバル」をモットーとし続けた。リセエンヌをコンセプトに「センスのよい」ファッションとライフスタイルを少女たちに啓蒙したのである。10代の私が夢中になって読んでいたのもまさにこの第二期の『Olive』であった。リセエンヌ路線が功を奏し，80年代の半ばには『Olive』に掲載されるファッションに身を包んだ「オリーブ少女」たちが街を闊歩するようになった。ストリートファッションを定点観測しているアクロスによれば，「八三年から八七年，ティーンズの女の子たちは皆『オリーブ少女』になった」（アクロス編集室編『ストリートファッション1945-1995』パルコ出版，1995）のであり，中森明夫が小説のかたちを借りて指摘するように，「『オリーブ』が街の女の子たちのファッションを変えた。そして，彼女たちの精神構造をも決定的に変化させた」（中森明夫『オシャレ泥棒』マガジンハウス，1988）のである。

　当時は，DC（デザイナーズ＆キャラクターズ）ブランドの全盛期でもあった。したがって，『Olive』でもティーンズ向けにデザインされた個性的でかわいい服（アツキオオニシ，ビバユー，ミルク，パーソンズなどのDCブランド）を中心に，少女イメージが形成されていた。バルーンスカートやワンピース，チェックや

ドットの重ね着，大きなリボンのついた帽子や不思議の国のアリスのプリント柄など，「憧れのデザイナーがオリーブ少女に作ってくれた服！」（1985年6月3日号）は，ロマンティックでアヴァンギャルドなものであり，非日常的という点では「コスプレおめかし」（酒井順子『オリーブの罠』講談社現代新書，2014）と言えなくもない。個性的であることが存在理由であるゆえに，コピー商品が出回るようになると生命線を絶たれてしまう。

　80年代も後半に入り，DCブランドの人気に陰りが見え始めると，「オリーブ少女」のファッションにも変化がみられるようになった。同時にリセエンヌも影を潜めるようになり，「ロマンティック」に代わって，「ナチュラル」がキーワードとして浮上していく。一時代を画した第二期『Olive』は終焉を迎えるのである。「はだかのオリーブ」（1988年3月18日号）「夏のオリーブ少女はかわいいナチュラリスト！」（1989年7月3日号）というように第三期『Olive』はファッションやライフスタイルにおいて「ナチュラル」であることが重視され，他誌との差別化をはかるようにサブカルチャー路線が強まっていった。

　背景には読者層としていた10代の少女たちが，現実的なものを求めるようになったことがあるだろう。パリのリセエンヌといった夢のような世界に憧れる「オリーブ少女」ではなく，「今，ここ」というリアルな日常を生きるコギャルたちが街を席巻し始めるようになったのだ。「Magazine for Romantic Girls」という第二期の『Olive』を象徴するキャッチフレーズも1991年を最後に，姿を消している。再び『Olive』は生き残るために，リニューアルせざるをえなくなったのだ。ここから，2003年に休刊を迎えるまでの『Olive』は試行錯誤を繰り返しつつ，音楽や映画などの趣味性を追求し，より地に足のついた実践的な記事を増やしながら，ロハス志向やスローライフの流行にも通じるような雑誌に変化していった。

　「ロマンティック」から「ナチュラル」へ——この変化は何を意味しているのだろうか。ロマンティックとはここではないどこかを夢みるという態度である。80年代の「オリーブ少女」は，パリのリセエンヌをあるいは遠い未来を夢みていた。そもそも大人になるのを待つために『Olive』のような少女文化は存在したのである。しかし，コギャルは大人になるのを待たずに「今，ここ」を生きる（宮台真司『制服少女たちの選択』朝日文庫，2006）。コギャルと同世代の

90年代の「オリーブ少女」もまた，「ナチュラル」という名のリアルな日常を生きていた。待つための少女文化が不要になったこととロマンティックを謳った『Olive』が失速し，方向転換を余儀なくされたことは無関係ではない。

このように『Olive』という10代の少女向けファッション誌の創刊から廃刊までを追うことで，少女という存在がどのように変化したか，社会がどのように移り変わったかを浮き彫りにすることもできるのである。

(2) 『VERY』を虫の目で読む

次に私が研究者として創刊号から自覚的に収集している『VERY』というファッション誌をモデルに注目して読んでみよう。1995年6月，「ニュートラ，ハマトラ，サーファー，ニュー・ベーシック——あの頃おしゃれだった今の30代のために」というキャッチフレーズとともに『VERY』は創刊された。キャッチフレーズからもうかがえるように，この雑誌の読者層は創刊時から非常に明確に設定されていた。ただの30代専業主婦ではなく，『JJ』を読み，「幸せな結婚」をつかんだ専業主婦のための雑誌として生み出されたのである。そんな『JJ』卒業生である読者を代表するのが，創刊時から表紙モデルを務めあげ，初代『VERY』の顔となった黒田（旧姓・樫本）知永子さん（愛称・チコさん）である。1961年生まれのチコさんは，成城学園短期大学在学中から『JJ』の人気モデルであったが，結婚を機にモデルを引退し，専業主婦として，一児の母として多忙な日々を送っていた。しかし，「あの頃」の美貌が健在であったため，『JJ』卒業生に向けた新雑誌『VERY』の創刊に合わせて，再び表紙モデルに復帰したのである。しかも，『JJ』モデル時代の旧姓・樫本ではなく，結婚後の名字である黒田で再デビューすることになった。読者代表の30代主婦モデル黒田知永子の誕生である。

このように『VERY』は，創刊にあたって「『JJ』卒業生で現在は高級住宅地に住む裕福でおしゃれな専業主婦」というように読者像を明確に絞り込み，「シロガネーゼ」（東京・白金に住む専業主婦）や「アシヤレーヌ」（神戸・芦屋に住む専業主婦）といったスタイルを流行させた。それは，女子大生を「ニュートラ」（神戸を中心としたニュートラッド。甲南女子大学が代表的）や「ハマトラ」（横浜トラッド。フェリス女学院大学が代表的）によってブランド化したのと同じ

やり方である。結婚して30代になった元「JJガール」は若くて美しい『VERY』妻になったのである。そして黒田さんこそ，その象徴であった。

　『VERY』妻は，後に小倉千加子によって「新・専業主婦志向」と呼ばれることになる（『結婚の条件』朝日新聞社，2003）。「新・専業主婦」とは，「夫は仕事と家事。妻は家事と趣味（的仕事）」という新たな性別役割分業に基づく「サロネーゼ」（採算を度外視してお料理教室などのサロンを開く主婦）などを指している。

写真8-1　「VERY」2016年10月号
（光文社）

『VERY』が創刊された90年代半ばは，すでに専業主婦よりも共働きの主婦がその数を上回っていたが，「JJガール」が目指す「JJ育ちの結婚」とは，あくまでも「新・専業主婦」としての結婚であった。『JJ』を教科書として「幸せな結婚」＝上昇婚を手に入れた勝者が『VERY』妻なのである。

　黒田さんの卒業後も，『VERY』の表紙は常に幸せな『VERY』妻たちが飾り続けてきた。三浦りさ子（三浦知良夫人）に堂珍敦子（モデル当時，ケミストリー堂珍嘉邦夫人），井川遥，そして滝沢眞規子に矢野未希子。創刊から20年を経ても「幸せな結婚」の教科書として，『VERY』は読まれ続けている。表紙モデルは変わっても，「幸せ」な妻像をファッションのかたちで具体的に指南し続けている。創刊号の「私たちの着る服がない」状態から「シロガネーゼ」や「アシヤレーヌ」（1998年2月号）といった「山の手は『主婦だけどお嬢さんスタイル』」（2000年11月号）を経て，「いくつになっても可愛いファッション」（2002年10月号）を追求する『VERY』妻たち。なぜなら，「『幸せ』は夫婦のオシャレに表れる」（2015年2月号）からである。『VERY』な妻はいくつになってもみんなに愛され，「幸せ」でなければならない。「『幸せなファミリー』に似合う"私"の服」（2005年3月号）を身につけなければならないし，常に念頭にあるのは，「もういちど考えたい『幸せそうに見える服』」（2006年1月号）のことなのだ。

　では，ここで言われている「幸せそうに見える服」とはいったいどのような

服なのか。もちろん，ファッション誌である以上流行は看過できないので，そのスタイルも創刊当時の黒田さんが身につけていた「主婦だけどお嬢さんスタイル」から「主婦ベーシック」（2012年9月号）へと時代とともに移行している。フェミニンなワンピースやスーツからカジュアルなパンツやカットソーが主流となっている。もちろん，読者を代表するモデルも変化した。2009年に読者モデルとして初登場し，そのまま専属モデルとなった「タキマキ」こと滝沢眞規子さんが，21世紀の『VERY』妻を象徴する人物だ。現在は40代向けの別冊『VERY NAVY』で活躍している。三児の母でありながら，可愛らしい雰囲気を保ち続ける「タキマキ」は，都内一戸建て住宅に住み，高級ブランドを身につけながら家事・育児にいそしむ「日本一幸せなVERY妻」（『AERA』2013年10月7日号）である。だが，「タキマキ」は言う。「子育ては幸せだし，大事な仕事だけれど，もしそれでも働いてみたいという気持ちがあるなら，思い切って飛び込んでみてもいいと思う」（2014年2月号）と。「タキマキ」に次ぐ人気読者モデルのクリス-ウェブ佳子さんも「私は，"○○ちゃんのママ"と呼ばれることに違和感があって。働いて充実感を得られたんだよね」（2014年2月号）と心情を吐露している。このように2010年頃から『VERY』では，「家庭と仕事の両立を助けてくれる，働くママの支持ブランドランキング発表」（2013年9月号）がされるほど，働くママが増加しているのだ。

　20年の間に，『VERY』読者にも「新・専業主婦」は少なくなり，仕事を持つ「ワーママ」が多く見受けられるようになった。「ワーママ」とはもちろんワーキングマザーの略であるが，『VERY』における「ワーママ」とは，キャリア志向ではなく，むしろ時短勤務や契約社員といったキャリアダウンも厭わない「柔軟」な働き方を選択するママを指している。あくまでも『VERY』妻である限り，「家族が一番，仕事が二番の私たち」（2009年3月号）でなければならない。

　それはなぜか。近年の『VERY』のキャッチフレーズであった「基盤のある女性は，強く，優しく，美しい」にその答えを見出すことができるのではないか。ここで言う「基盤」とは，もちろん「幸せな結婚」のことである。この「基盤」を守るために，『VERY』妻はあえて「マミートラック」とも呼ばれる柔軟な働き方を志向する。仕事よりも妻，母である私を優先しようとする。時

代とともにファッションやモデルは変化したが，創刊以来四半世紀を経ても『VERY』妻は「幸せな結婚」という「基盤」を保ち続けてきた。それは，「幸せそうに見える」ファッションを求める姿勢であり，「結婚こそ女の幸せ」であるという意識である。

　何しろ，結婚しなければ『VERY』妻にはなれない。この世界には，未婚30代女性は永遠に参入できないのである。では，増加の一途をたどる未婚女性はどうすればいいのだろうか。その答えもファッション誌はちゃんと用意してくれていたのである。

 時代精神をとらえるために

⑴　ファッション誌と女性の生き方

　21世紀を迎える頃からファッション誌では，従来とは異なる意味合いで「女子」という言葉が多用されるようになった。少女ではなく，成熟した女性に対して「女子」と呼びかけ，「30代女子」「40代女子」というように年齢を重ねても「大人女子」なのだと考えられるようになったのだ。宝島社の『Sweet』や『InRed』『GLOW』が嚆矢となり広まった「女子」は，年齢不詳の大人カワイイファッションとともに一大ブームを巻き起こし，宝島社の雑誌は『JJ』や『VERY』に代表される赤文字雑誌に対して，青文字雑誌と呼ばれるようになった。

　『JJ』や『VERY』のように，常に男性や周囲の目を気にして装うのではなく，自分の好きな服を着る。2010年に創刊された『GLOW』のキャッチフレーズ「好きに生きてこそ，一生女子！」は，『VERY』の「主婦らしい私が今の誇り」（『VERY』2008年5月号）という意識に対抗するものとなった。30代だからと言って結婚しているとは限らない。40代だからと言って妻や母として生きているとは限らない。未婚化，非婚化が進む時代に，妻や母としての役割に生きるのではなく，「私」であることを重視し，好きな服を着て好きに生きる「女子」たち。それは，今でも『VERY』の中に根付いている良妻賢母規範を軽やかに飛び越える可能性を秘めていた。その後，「女子」はファッション

誌の域を超えて広がり女子ブームを巻き起こした。「大人女子」は未婚化，非婚化の時代における一つの生き方として共感を呼んだ。

　このように，私はファッション誌を分析することで結果的に1970年代以降の女性の生き方をたどることになった。大学生の私はファッション誌が実はファッションだけを伝えているのではないことに気付いたが，それを数十年かけて実証してきたとも言えるだろう。

　そう，ファッション誌は単にファッションを伝えているのではないのだ。ある時は道標として生き方，ライフコースを指南し，ある時は読者の気持ちに寄り添って慰め，叱咤激励しつつ啓蒙することを繰り返してきたのである。

(2)　雑誌と雑誌研究の行方

　最後に，今後の雑誌がどう変化していくのか，それに合わせて雑誌研究には何が求められるのかを考えてみよう。もちろん雑誌の未来は明るいものではない。『CUTiE』や『JJ』のように何十年も続いた雑誌の休刊が続いている。また，電子化が進むなかで若い世代を中心に紙の雑誌離れが加速化している。したがって，近年創刊される雑誌はすでに雑誌に慣れ親しんでいる40代，50代をターゲットとしたものが主流となっている。また，その世代の読者のノスタルジーを誘う，復刻版が登場しているのも最近の傾向である。

　あの『Olive』は，電通とともに「オリーブプロジェクト」なるものを立ち上げ，2015年3月には『GINZA』の別冊付録として「おとなのオリーブ」を復活させた。かつて一時代を築いた雑誌であるだけに，『Olive』と元オリーブ少女たちの持つ社会への意味を再考することが目的であると言う。

　さらに同じマガジンハウスの『POPEYE』は創刊40年を記念して2016年7月号に創刊号をそのまま付録として付け，「40年後の西海岸。」を特集した。

　このように現在は出版社自体が，過去をふり返り，雑誌とはいかなるものか，雑誌のあり方を問い直している時代なのだ。それもまた雑誌が消えゆく時代の「時代精神」を表しているのであろう。

　ただ，研究者として雑誌分析を行うのであれば，出版社や広告代理店にはできない一読者としての視点を持ち続けるべきであろう。雑誌に描かれていることを読者がどのように受け止めたのか。『VERY』妻は実際のところどこにい

るのか。「大人女子」な生き方は持続可能なのか。元オリーブ少女は『VERY』
妻か「大人女子」のどちらになったのか。読者の視点を持たなければわからな
いことはたくさんある。作り手側の視点と読者の視点をバランスよく保ち，鳥
の目と虫の目を駆使して雑誌を分析することが「時代精神」をとらえることに
つながるだろう。

  練習問題 〜〜〜〜〜〜〜〜〜〜〜〜〜〜〜〜〜〜〜〜〜〜

　雑誌を一冊選んで読み，その雑誌の読者として想定されている人物の特徴
（年齢，職業や家族構成，ライフスタイルなどを含む）を書き出し，具体的にイラス
トで表してみよう。また，ネットやSNSで情報が得られる時代になぜその雑
誌が求められているのかを考えてみよう。

📖 おすすめの文献

① 難波功士 2009『創刊の社会史』ちくま新書

　『an・an』『POPEYE』『non-no』『JJ』から『egg』『小悪魔 ageha』まで。なぜ新しい雑
誌が生み出されたのか，読者はどのように雑誌を受容してきたのか。70年代以降の若者
雑誌の創刊号に焦点を当て，その「時代精神」を読み解いた一冊。

② 佐藤卓己 編 2015『青年と雑誌の黄金時代──若者はなぜそれを読んでいたのか』
　岩波書店

　受験情報誌，ファッション誌，趣味の雑誌など全盛期を代表する10誌を通して，若者が
雑誌を読んでいた「雑誌の黄金時代」を歴史的に考察する。長らく出版文化の花形であ
った雑誌が果たした役割や雑誌とは何かを考える手がかりになる。

③ 米澤泉 2014『「女子」の誕生』勁草書房

　「好きに生きてこそ，一生女子！」（『GLOW』）──なぜ年齢を重ねても「大人女子」な
のか。本文でも取り上げたファッション誌における「女子」の誕生を通して，ゼロ年代
以降に急変していった女性の生き方，社会意識を浮き彫りにする。

（米澤　泉）

第9章

文化資料分析法

∞ 「歌詞」から社会をみわたせるか？

 ## ポピュラー文化はデータの鉱山

　ふりかえってみれば私のまわりには常にポピュラー文化があった。少年期の私は本屋の店員の目を盗んではマンガの立ち読みをくりかえしていた。ビートルズで音楽に目覚めてロックサウンドに傾倒すると，古典から同時代までの洋楽ジャンルをあれこれと探求した。当時の私の楽しみといえば，毎週のビルボードのチャートをノートに書きためて，お気に入りの曲の浮沈の度合いを眺めることだった。大学に入学するとギターをはじめ，日本のフォークソングのとりこになった。当時はバブル期だったが，そうした風潮が苦手だったこともあるだろう，格好良くはないが尖った表現をもつミュージシャンの作品を掘り下げて聴くことが自分の道であるように思えた。また，大学では映画にもはまった。友人と喫茶店で映画談義を繰り返し，月に何本映画を観たかを競い合ったりもした。家に帰って一人になると，小説やルポルタージュを読みふけった。

　そんな私が，大学院に進学してから文化作品と社会との関係を論じてみたいと考えたのは，いわば自然の成り行きだった。たとえば自分という社会的存在が文化作品に人生の経験の何割かを与えられてきたのだとしたら，人間性／社会性一般を考察するうえでポピュラー文化を無視することはできないのではないか。また，文化作品を評したりその趣味を比べ合ったりすることが他者との何らかの交流を生んでいるのだとすれば，社会学として検証してみる価値があるのではないか，そう思えた。

　では，どうすれば文化作品と社会との関係に迫ることができるだろう。そのために理論を構想することはもちろん必要だが，社会調査の方法を探ってみることも大切である。調査の方法にはさまざまなアプローチがある。たとえば売

上や流通の面からデータを収集するチャート調査がある。ただし，これは企業向きで，私たちは公表された統計をあてにするしかない。すぐに着手できるのは，ユーザーの動向をアンケート調査する方法だろう。趣味の傾向や占有時間や選好の理由などを集計して分析を行う。また，インタビュー調査の方法もある。作品の送り手や受け手に直接話を聞き，その文化ジャンルの姿を浮き彫りにする。さらに，ライブハウスやシアター，コミックマーケットなどの現場に出掛けて，人びとの動向や空間のあり方などを観察する方法もある。

　そういった手法についての解説は他章にて行われていることもあり，ここでは，ポピュラー文化ならではといえる視点にもとづいた調査を提案したい。

　そもそもポピュラー文化作品は，ポピュラー（大衆的な・当世流行の・人気のある）の語が端的に表しているように，幅広い層をターゲットとし，同時代人の心情に訴えかけることによって成立している。文化作品の表現は，ジャンルによって，あるいは個別的な関心によってそれぞれの形式をとりながら，今を生きる人びとの何らかの姿を反映し，また時代性を帯びている。より正確にいうならば，同時代の集合的な心象や情景を表象したと人びとに認められたものがポピュラー文化と呼ばれるものになるのである。

　つまり，ポピュラー文化の個々の作品は，何らかの社会性（ある社会層のライフスタイル，時代のムード，世代的関心など）がアウトプットされたものととらえることができる。その認識が生まれれば，次は，個々の作品が何をメッセージとして表出しているかを確認し，作品群に共通する要素をピックアップすることが可能になる。このときポピュラー文化作品は，集計され社会分析されるに足るさまざまな要素を含んだ資料データとなる。ポピュラー文化作品を，オーディエンスとして視聴するのではなく，豊富に遍在する資料データの鉱山とみなすのだ。

　次節では，具体例として，ポピュラー音楽の「歌詞」を分析する方法について考えてみたい。歌詞という素材は，資料調査に適している。歌詞に表れる言葉は，年代や範疇を的確に絞れば，カウントすることがそう難しいものではない。その意味で，適度に量的調査のメリットを生かすことができる。また，その歌詞の言葉に表されている同時代的なメッセージを解読する行為は，質的調査の特性にもつながっている。

音楽の歌詞に注目してみよう

　個人の研究課題として，もしくはゼミの班の課題として歌詞分析をすること
に決めたら，まず何について調べるかコンセプトをはっきりとさせよう。音楽
に詳しい人に，今のポピュラー音楽の歌詞に特徴的に現れているキーワードと
して何が挙げられるか聞いてみるのがいいだろう。「ありのまま」をタイトル
にする曲が増えた，女性の第一人称で「わたし」でなく「ぼく」という例が増
えた，「SNS」や「オンライン」の言葉が頻出している……そういった些細な
ことでいいので，どんどん出していこう。

　さらに，時勢に詳しい人（音楽にあまり興味がなくてもよい）に，世の中の傾
向についてアイディアを出してもらおう。たとえば「ジェンダーフリー」とい
うキーワードが浮かびあがったら，そのことに関連するような内容の歌がある
かどうかを考えてみる。この場合，単に単語を拾えばいいというものではない。
「以前と比べてステレオタイプ的な男らしさ／女らしさイメージの表現が減っ
たのでは？」などの仮説を構築する作業が必要である。あるいは「格差社会」
というキーワードが出てきたら，世の中に対する不平不満を歌にするメッセー
ジソングが目につくかどうか，そうしたことを話し合ってみよう。

　実際の分析例をひとつ挙げると，宮台真司が，2000年代前半のオリコン・シ
ングルチャートの上位20曲の歌詞を調べた際に，現在の日本の音楽シーンには
「主語のない音楽」ばかりが目立ち，「固有の履歴を持つがゆえに固有の志向を
持つ私」を描いた曲はミスターチルドレン以外にみあたらない，とブログで指
摘したことがある。どこにも「私」がいない時代を説明しようとしたのだ。こ
の分析は厳密な論証例ではないが，見方によってさまざまなテーマをみつける
ことができるのが歌詞分析というアプローチなのである。

　自分なりの視点によってテーマと仮説が決まったら，実際の調査に入る。し
かしその前に，どの範囲まで調べるのか決めておこう。トップ20を50年分調べ
る，あるいはテーマによっては，シンガーソングライターの曲だけを選定する，
ヒップホップの歌詞だけに限定する，などのことも考えられる。どこまで調べ
れば正解というのはない（というのも，またあとで解説するが，歌詞分析という方法

は，どれだけ厳密にやろうと思っても，恣意性が避けられないからである）が，いきあたりばったりで無目的に調べては説得力が生まれない。時代的な変遷をたどるなり，特定の世代層や性差，ジャンルを意識するなり，目的を定めて調べるのが基本だ。

　かつて，見田宗介は，『近代日本の心情の歴史』（講談社，1968）で，明治元年から昭和30年代までの流行歌451曲の歌詞分析をしている。その選曲は，当時刊行されていた時雨音羽編集の『日本歌謡集』の「日本歌謡年表」に掲載された楽曲に基づいている。同年表は「とりあげた歌の分布に，極端な時期的な偏りはない」ことが特徴で，日本人の心情の歴史性をみて取るのにふさわしいという筆者らの判断が，選曲の根拠となっている。

　現代では歌謡史を跡付けるような歌詞集の出版は少なくなったが，インターネットを利用して各種チャート，テーマ別楽曲一覧，歌詞そのものは，検索が容易になっている。この調べやすさをフルに利用して，分析に使用するのがスマートな方法だ。ただし，歌詞は著作物であり，引用するさいには著作権上の注意を払うことも忘れないようにしたい。

歌詞に刻まれた「社会」を読む

　歌詞は調べやすいといっても，歌詞の何を抽出するかによって作業量は変わってくる。キーワードを拾う程度ならそれほど苦ではないが，歌詞内容の文脈も追ったうえで解釈を加えていくとなるとそれなりの作業となる。しかしせっかく社会学的な調査の一環として分析に着手するのであれば，そのような同時代的・系譜学的文脈を意識してみよう。

　見田宗介の研究は，その点でも有益な示唆を現代に与えている。彼がどのような方法論で歌詞分析を行ったのか，もう少し言及しておきたい。

　見田は，それぞれの歌が表現しているモチーフに注目している。モチーフとは，テーマ（題材）とは異なり，その詞の世界が導こうとする聴き手の心情の方向性のことを指す。たとえば失恋ソングがあったとして，テーマとしては「失恋」になるわけだが，曲をよく聴けば，それは〈未練〉の心情を表していたり〈慕情〉の心情を表していたりする。そういった心情のモチーフを，あら

図表9-1　見田の歌詞分析：モチーフの比率

流行における心情のモチーフの比率の消長（表）　　　$\dfrac{\text{各モチーフ（a, b, c, ……w）を含む曲数}}{\text{各7年期（①、②、③……⑭）の全曲}} \times 100$

7年区分	曲数	a 批判	b 諷刺	c 怒り	d うらみ	e やけ	f 自嘲	g おどけ	h 喜び	i 希望	j 覇気	k 義侠	l 慕情	m 甘え	n こび	p ひやかし	q あきらめ・未練	r 孤独	s 閉塞感	t 郷愁	u あこがれ	w 漂泊・無常
①明治1～明治7	33	6.1	12.1			6.1	6.1	3.0	57.6	6.1	6.1	6.1	3.0	9.1	6.1	6.1						
②明治8～明治14	20	10.0	25.0			5.0			70.0			5.0	10.0	5.0	5.0	5.0	15.0					
③明治15～明治21	34	20.6	11.8	11.8	2.9	5.9	2.9		32.4	2.9	11.8	23.5	11.8	5.9		2.9	2.9			2.9		
④明治22～明治28	36	19.4	11.1	13.9	2.8	8.3			19.4	25.0		25.0	16.7	5.6	2.8	2.8	2.8	2.8		5.6	5.6	5.6
⑤明治29～明治35	38	5.3	2.6	2.6					18.4	15.8		7.9	5.3	7.9		13.2	7.9		5.3	5.3	5.3	7.9
⑥明治36～明治42	32	18.8	28.1	12.5	28.1	9.4	21.9	15.6	3.1			6.3	3.1	15.6		3.1	21.9	21.9	15.6	3.1		18.8
⑦明治43～大正5	29	3.4	20.7	3.4		6.9	20.7	13.8	31.0			3.4	20.7			24.1	6.9			3.4		17.2
⑧大正6～大正12	21	9.5	19.0			19.0	23.8	19.0	4.8			4.8	19.0			9.5	9.5	9.5	4.8	4.8		23.8
⑨大正13～昭和5	36		2.8		5.6	2.8	8.3	11.1	11.1			5.6	2.8	22.2	5.6	2.8	8.3	16.7	22.2	13.9	5.6	22.2
⑩昭和6～昭和12	44				4.5	6.8	11.4	2.3	18.2	9.1	4.5	13.7	34.1	4.5	4.5	18.2	29.5	6.8	6.8	4.5		40.9
⑪昭和13～昭和18	30					6.7	3.3		6.7	10.0	16.7	13.3	16.7	20.0	3.3	20.0	13.3	3.3	23.3	16.7		36.7
⑫昭和20～昭和26	36	2.8			2.8	8.3	8.3	11.1	8.3	28.1			55.6	2.8		22.2	19.4	2.8	19.4	11.1		19.4
⑬昭和27～昭和33	28				10.7	10.7	10.7	3.6	3.6	7.1	3.6	7.1	60.7	7.1		7.1	50.0	14.3	3.6	10.7	7.1	28.6
⑭昭和34～昭和38	34		5.9		2.9	5.9	14.7	11.8	11.8	11.8	2.9	8.8	50.0	11.8		2.9	23.5	23.5	2.9	11.8	5.9	23.5
計　実数	451	30	40	15	26	34	34	91	44	25	38	34	109	18	15	37	62	47	15	37	22	81
％		6.7	8.9	3.3	5.8	7.5	8.9	20.2	9.8	5.5	8.4	7.5	24.2	4.0	3.3	8.2	13.7	10.4	3.3	8.2	4.9	18.0

＊全部で21の因子群を設定している

出所：見田『近代日本の心情の歴史』234-235頁

かじめ〈怒り〉〈うらみ〉〈自嘲〉〈喜び〉〈慕情〉〈あきらめ〉〈未練〉などの因子として設定し，それぞれの歌にどのようなモチーフ因子が含まれているか，三人の判定者で判定し，二人以上の合致をみた因子を採用するという手順をふんでいる（**図表9-1**）。

　また，歌詞に含まれている単語，たとえば「雨だれ」「汽笛」などの名詞について，「雨だれ」→〈孤独〉，「汽笛」→〈郷愁〉など，それぞれどのようなモチーフのシンボルになっているかも分類し，モチーフ分析に役立てている。手の込んだ手順だが，そのようにして，歌に表れる社会心理史を分析したのである。

　具体的には，**図表9-2**に示されるように，たとえば「喜び」のモチーフの消長度をグラフにして，戦前から戦後にかけての日本人の心情の歴史を数値化している。「喜び」の場合はグラフを見れば一目瞭然だが，戦争に向かいつつある世相の時には威勢の良い歌詞が目立ち，それが表されている。

　そして文章のなかで，なぜそのようなモチーフが消長したのか，『美しき天然』（明33）や『東京ラプソディ』（昭11），『青い山脈』（昭23）などの歌詞の解

釈を試みて時代の比較を行っている。彼によると，同じような喜びの歌でも，明治末期の高揚感，大正初期の幸福感，昭和初期の享楽感，昭和戦後の解放感と，それぞれに違いがあるという。歌詞のもつ心情の方向性は多義的ではあるのだが，因子群の設定により歌の性質の同定をしてから個々の分析に入っているので，ブレがないうえに，微細な差異を発見できているのである。

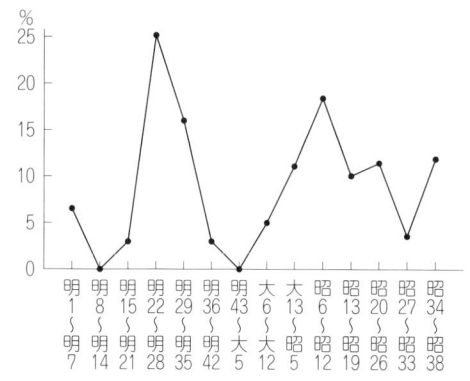

図表9-2　見田の歌詞分析：よろこびのモチーフの消長

＊ふたつのピーク時には，『美しき天然』（明33），『東京ラプソディ』（昭11）など，現在も歌い継がれる楽曲が生まれている

出所：見田『近代日本の心情の歴史』63頁

　さて，しかし見田の分析は，その後の時代においては批判にさらされることにもなる。まずもって，この論考には歌謡曲を聴く受け手の社会的な差異に関する考察がない。"日本人"と一口でいっても，地域や階層や性差によってさまざまな感受性がある。流行歌の表層に"日本人の"心情を代表させてしまうことの妥当性が問われなければならないだろう。さらに，ある時期に楽しい歌が流行ったとして，それは楽しい時代だから流行ったのか，むしろ悲しい時代だから（せめて歌だけでも楽しい気分を，ということで）流行ったのか，はっきりとはいえないということもある。結局それは分析者の解釈次第である。歌詞分析には，歌の選別やその歌の性質の同定も含めて，二重三重の解釈が混入してしまう。すなわち，客観的で科学的な分析とはいえず，恣意的な分析となってしまうのである。

　とはいえ，もう少し対象を絞ってやれば考える道具として有用になることは，ここまでに述べてきたとおりである。「しらべる」では，例として，「ジェンダーフリー」のキーワードと「ステレオタイプ的な性別役割イメージ表現の減少」という仮説を挙げたが，実際にジェンダー研究では歌詞分析がよく使われている。流行歌にはラブソングが多いので，研究しやすいということもあるだろう。

図表9-3　エンドレスの歌詞分析

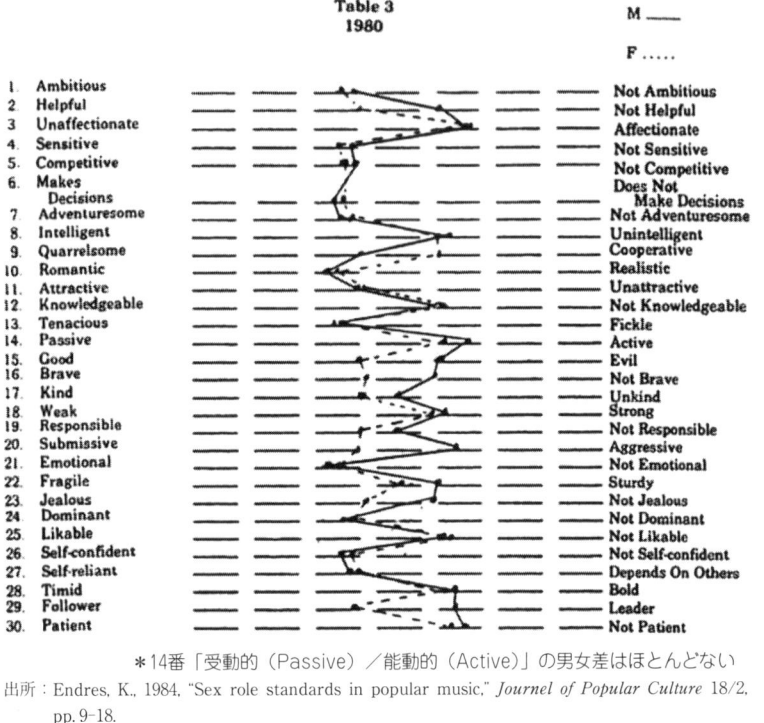

Table 3
1980

M ———

F ·····

1.	Ambitious	Not Ambitious
2.	Helpful	Not Helpful
3.	Unaffectionate	Affectionate
4.	Sensitive	Not Sensitive
5.	Competitive	Not Competitive
6.	Makes Decisions	Does Not Make Decisions
7.	Adventuresome	Not Adventuresome
8.	Intelligent	Unintelligent
9.	Quarrelsome	Cooperative
10.	Romantic	Realistic
11.	Attractive	Unattractive
12.	Knowledgeable	Not Knowledgeable
13.	Tenacious	Fickle
14.	Passive	Active
15.	Good	Evil
16.	Brave	Not Brave
17.	Kind	Unkind
18.	Weak	Strong
19.	Responsible	Not Responsible
20.	Submissive	Aggressive
21.	Emotional	Not Emotional
22.	Fragile	Sturdy
23.	Jealous	Not Jealous
24.	Dominant	Not Dominant
25.	Likable	Not Likable
26.	Self-confident	Not Self-confident
27.	Self-reliant	Depends On Others
28.	Timid	Bold
29.	Follower	Leader
30.	Patient	Not Patient

＊14番「受動的（Passive）／能動的（Active）」の男女差はほとんどない

出所：Endres, K., 1984, "Sex role standards in popular music," *Journel of Popular Culture* 18/2, pp. 9-18.

　北川純子は編著『鳴り響く性』（勁草書房，1999）において欧米圏のポピュラー音楽とジェンダー研究を紹介し，性別役割の問題が1980年代以降の歌詞研究の主な関心事となっていったことを指摘している。たとえばエンドレスは，1960年代と1980年代のポピュラー楽曲の歌詞に登場する女性・男性を「野心がある／ない」「忍耐強い／強くない」などの対語群にプロットし（図表9-3），1960年代には「受動的女性・能動的男性」というステレオタイプが描かれたが，1980年代には両性の描かれ方の差が目立たなくなったことなどを報告している。

　また稲増龍夫は同編著のなかで，山口百恵，松田聖子，SPEEDという1970年代，1980年代，1990年代を代表する女性アイドルの歌詞（『あのひと』『青い珊瑚礁』『Go! Go! Heaven』など）を詳細に検討し，そこに投影される「女性」像を理念的に整理している。彼の分析では，1970年代は異性に対して受け身な女性

像，1980年代は異性に対して能動的な女性像，1990年代は異性を求めず自己愛を求める女性像が浮かび上がったとしている。

エンドレスの事例は，見田宗介の分析ほど網羅的ではないが，言葉のシンボル性に注目して，歌詞に現れるキーワードを対語群に当てはめるという作業をしている。その結果，数値的な変化を読み取った分析になっている。稲増の事例は，分析対象を代表的な楽曲に絞り，歌詞全体の世界観を読み取り，より解釈学的な分析になっている。どちらのタイプを求めていくか，分析対象やテーマ，仮説，分析者の思考の傾向にもよるが，ここまでに挙げた留意点，①ポピュラー文化の社会性を意識する，②その対象の影響の及ぶ範囲を考える，③定めた対象に対しては網羅的に調べる，④アイディアを突き詰めて考え抜く，を守ることによって実際の分析を行うことが望ましい。

 ## 歌詞分析の外側にあるもの

ところで，実は歌詞分析に関しては，ここまでに挙げた代表性（本当にその歌が社会層を代表しているといえるのか？）や，恣意性（好きなように解釈しているだけではないのか？）の他にも，根源的な問題が隠れている。それは，そもそも音楽にとって歌詞は聴かれるために作られているのか，またリスナーに聴かれているのか，という文化内在的な問題である。実際，歌詞はリズム感をととのえるためだけのものと公言するミュージシャンもいるし，歌詞に注目しないリスナーもいる。聴かれることを前提とした対話や演説の言葉や，読まれることを前提とした書き言葉と異なり，音楽の歌詞の場合は，まず音がありきの言葉群なのである。

しかし，私は，さしあたってそこまで厳密に問いただす必要はないと考えている。たとえばそれが分析者による解釈にすぎないものであったとしても，世の中を茫洋と眺めたり事実性だけを追い求めて考えることをやめたりするよりは，まずは自分なりの視点を通じておもしろいアイディアを考え抜いてみるほうが有益であると捉えている。

本章の冒頭で，文化作品の表現は，ジャンルによって，あるいは個別的な関心によって，それぞれの形式をとりながら，今を生きる人びとの何らかの姿を

反映し、また時代性を帯びていると述べた。表現されたものは、現実を反映し、また現実を創造する。たとえば「歌詞に意味なんてないよ」というミュージシャンが増えた時期があったとしたら、それもまた何らかの時代性を帯びているのである。

こうした、分析の対象の外側にあるものに気づいたならば、次のステップでは、より幅広い社会的文脈を意識するのがよい。上記の視点は、分析対象の意味を追うにとどまらずに、分析対象の意味のなさも範疇に入れているという点で、メタレベルの考察を含んでいる。そこで、ポピュラー文化を対象とした資料分析に用いることのできる応用範囲の広い2つの分析法を、最後に紹介しておきたい。

ひとつ目は「言説分析」である。ミシェル・フーコーは、著書『言葉と物』（新潮社、1966＝1974）において、表現や論述などの「ものの言い方」が社会的な諸力を帯びたものを「言説（ディスクール）」と呼び、ものの言い方の背後にある立場や権力、意思、戦略的意図を読み込む言説分析を提唱した。その表現や論述はいったい誰を資するためにあるのか、どのような立場の人びとの力関係が働いているのか、何らかの戦略的意図はないか、こうしたメタレベルの視点にもとづいた探求が、言説分析の主眼となる。

フーコー自身は、「狂気」や「セクシュアリティ」などについて語られた／書かれた言説を題材に、それぞれの時代において何が正常とされ異常とされてきたのかを分析し、人間の知のあり方の歴史を検証した。彼の著作のような分析となると相当に幅広い知識と壮大なコンセプト、膨大な量のテキストがなければ難しいが、言説というものがさまざまな立場の人間の思惑によって構成されたものだという認識を押さえれば、多くのポピュラー文化の分析に用いることができる。音楽の歌詞の意味、映像表現の意味、漫画のコマ運びの意味、作者のメッセージの意味などを考えるとともに、それらの表現がどのような言説に取り囲まれているかを射程に収めて研究をおこなうのである。

2つ目は「内容分析」である。これはマス・コミュニケーション研究における実証調査の一方法で、メディアのメッセージ内容を数量的に把握する調査技術と説明される。バーナード・ベレルソンの『内容分析』（みすず書房、1954＝1957）、またクラウス・クリッペンドルフの『メッセージ分析の技法』（勁草書

房, 1980＝1989）によってその方法は示された。

　たとえば, ある社会的事件に関して, 新聞が割いた記事の面積や掲載紙面（テレビ報道の場合であれば放送時間）を計測し, その事件を新聞やテレビ局が重要とみなしているかどうかを量的に把握する。または記事や番組に検索対象となる語句が何回出てきたか, ステレオタイプな表現がどのくらい使われているかなど, 「配置」や「頻出語」を, 数字としてカウントする。

　内容分析は, 方法の洗練とともに統計的なデータ解析の方向に収斂しているが, 語句の頻度を数えるよりも個々の記者や出演者の意図をとらえる方が重要という立場の研究者もいて, 質的調査のメリットを捨てているわけではない。内容分析の対象には報道だけでなくドラマ映像やCM映像も含まれる。映像の場合は活字よりも情報量が多いわけだが, それをいかに分析可能な単位まで縮減できるかは, 研究者の手腕にかかっている。また, そのような応用性を考えれば, 映画やテレビドラマ, 漫画などヴィジュアルカルチャーの分析に用いることもできるだろう。

　以上, ごく簡単にではあるが「言説分析」と「内容分析」の方法を説明した。より本格的に知りたい方には, 前者については赤川学『セクシュアリティの歴史社会学』（勁草書房, 1999）を, 後者については有馬明恵『内容分析の方法』（ナカニシヤ出版, 2007）を紹介しておく。

　社会調査は, データを収集・蓄積して, 推考と仮説を構築して, 方法の吟味を尽くして実施されるものである。ポピュラー文化を対象とした調査研究の蓄積は少ないが, 読者のみなさんが, 先人の研究を参考にしつつ, オリジナルな対象を調べ, そして思いがけないような結果を生みだすことに期待したい。

練習問題

（A）　本章で述べられた点に留意しつつ, 歌詞分析にチャレンジしてみよう。その際には, 最初に企画書（テーマ, 調査の目的, 仮説, 対象の選定, 分析方法を記したもの）を書いてから着手しよう。

（B）　音楽以外のポピュラー文化で, 「表現されたもの」を抽出する資料収集を行うとすれば, どのようなやり方があるだろうか。視覚文化, 聴覚文化,

視聴覚文化，上演文化，それぞれでやり方は異なるはずだ。自分の興味のあるサブカルチャーを例に，資料分析法を考案してみよう。

📖 おすすめの文献

① 見田宗介 1968[1978]『近代日本の心情の歴史——流行歌の社会心理史』講談社
　ポピュラー音楽の歌詞分析を行った著名な1冊。分析手法の指南書という位置づけを超えて，日本歌謡史の勉強にもなる。また，筆者の筆力も手伝って，個々の楽曲の解説は読み応え十分である。

② 渡辺潤・伊藤明己 編 2005『〈実践〉ポピュラー文化を学ぶ人のために』世界思想社
　ポピュラー文化研究を「実践」している研究者たちが，自らの体験を交えて手法と研究例を解説している。フィールドワークに関する記述が多く掲載されている。

③ 南田勝也・辻泉 編 2008『文化社会学の視座——のめり込むメディア文化とそこにある日常の文化』ミネルヴァ書房
　ポピュラー文化を実証的に分析する方法を具体的に解説した1冊。ロック，ジャニーズ，アニメ，漫画，テレビ番組，ファッションなど身近な対象も取り上げられている。

（南田 勝也）

COLUMN 3　テレビと調査の関係って…？

　私がかつて担当していた番組のタイトルには，奇しくも「探偵」や「探検家」といった「調査」する人を指す言葉が入っていました。そんなの偶然。タイトルだけのお話さ。テレビと「調査」なんて関係ないだろう……と思ったあなた。それは大間違いなのです。テレビ番組は実は「調査」なくしてはできあがらないのです。情報番組の美味しいケーキ屋さん巡りも，ドキュメンタリー番組のスマホの開発秘話も，バラエティー番組の人気芸人と初恋の人とのご対面企画も，クイズ番組の海外旅行を賭けた超難問も，すべて「調査」の成果なのです。しかも「調査」結果で番組の完成度が大きく左右されるほど「調査」は重要なものなのです。では，テレビの番組作りにおいて，何がどのように「調査」されているのでしょうか。

　番組作りは扱う内容を決める「ネタ出し」会議から始まります。このネタの良し悪しが番組の成否のカギを握るのですが，最近はネタの出所がインターネットや新聞雑誌のコピーであることが多いのです。ネット上に蓄積され，増殖している膨大な情報は上手に使えばとても有益ですが，実際のところ玉石混交で，偏った意見や古い情報も混在しています。新聞や雑誌の記事もそれぞれの編集意図によって情報が取捨選択されていますし，古い記事だとお店がなくなっていたりとか状況が変化している可能性もあります。この間違った情報を鵜呑みにして番組を作ってしまったら大変なことになりますよね。番組を作って放送するということは，大切なことを伝えるということです。伝える内容には自信と責任を持たないとなりません。そのためにはネットや雑誌などの情報（二次情報）を出発点にしたとしても，番組独自の調査（一次情報）が必要なのです。「ネットに書いてた」「雑誌に載ってた」では不十分なのです。ここから「調査」がスタートするのです。

　番組作りに必要な調査の基本は「２つのたずねる」だと，私は思います。ひとつはその現場に足を運んで実際にこの目で見たり，気になる人に会いに行くという「訪ねる＝visit」です。もうひとつは「訪ねた」うえで，興味を持ったことや疑問を感じたことを「尋ねる＝ask」ことなのです。おもしろそうだと感じたネタは，ディレクターが実際「みて」「会って」「聞いて」調べることが大切なのです。

　次の段階は「絞込み」です。ディレクターが自ら集めてきた「調査結果」は多岐にわたります。その全部をだらだらと並べても，たんにポイントが絞れていない「長くて退屈な番組」になってしまいます。大切なのは調査結果から，

何がおもしろいのか，何に驚いたのか，伝えたいことを取捨選択することです。調査結果から何をどう抽出するかで番組の出来が決まるのです。

　逆に，ものたりない部分を補うために，再調査することもよくあります。1回目の調査結果を自分でまとめたり誰かに聞いてもらったりすると，当初は気付いていなかった新たな疑問が生じるものです。それを解決するためには，もう一度「たずねる」ことが大切なのです。さらには，証言が客観的にみて正しいのかどうかを裏付けるために，他の専門家にあたったり，データを探したりすることも重要です。番組が出来るまでには，面倒でも（とくに取材相手にとっては本当に面倒をおかけしますが）地道なこの作業を納得できる結果が得られるまで繰り返すことが必要なのです。ただし，こうだったらもっとおもしろいのに……と考えて，調査結果を捻じ曲げることは絶対に許されません。調査結果の捏造，無理な誇張，意図的な無視などはいわゆる「やらせ」にエスカレートする可能性があるからです。

　この調査過程を「取材」や「ロケハン」と呼びます。取材結果を踏まえて，何を伝えたいのか，そのためには何をどうみせればいいのかを考えて「台本」を作成します。その台本に基づいて「ロケ」（「撮影」）が行われます。（報道などでは撮影そのものを取材と呼ぶ場合があります）撮影された映像は必要な箇所を抜き出してつなぎ合わせます。これを「編集」といいます。編集には番組の長さに合わせる目的と，内容をわかりやすく，興味深くする目的があります。もちろん，事実やデータなどの「調査結果」を捻じ曲げる編集が許されないのはいうまでもありません。

　さあ，こうして番組独自の調査を基に「おもしろい」番組が完成しました。でもテレビと調査の関わりはこれで終わりではないのです。今度は番組が調査される側になるのです。それは「視聴率調査」です。視聴率は番組がどれだけ見てもらえたか（支持されたか）を示す指標で，CMの売り上げをも左右します。この視聴率という「もうひとつの調査結果」に放送関係者は日々一喜一憂しているのです。

　さらに近年，テレビを取り巻くメディア環境は激変し，動画配信サービスや視聴デバイスも多様化しています。いつ？　どんな人が？　どこで？　何を使って？　何を見たのか？　を視聴データやアンケートの分析といった量的調査で明らかにするとともに，人々が暮らしの中でメディアやコンテンツにどんな思いで接しているのかをインタビューなどの質的調査で理解し，よりよい番組や放送に活かすマーケティングの重要性も増しているのです。

　やはり，テレビと調査は切っても切れない関係のようです。

（栗田　正和）

映像分析法

 文字以外の情報を読み解く

(1)　映像の存在感

　私が研究対象として映像に興味をもったのは，ある TV アニメ番組がきっかけであった。その番組は子ども向けで，大人から見て物語（筋）がおもしろいわけでもない。子どものころ，飽きるほど見た平凡なアニメであるはずなのに，なぜかその変身シーンに目を奪われた。冷静に考えれば，恥ずかしいことこの上ない。子どもが見るものを大人が必死に見るなんて。なぜ，それほどそのシーンが気になるのか。そうした疑問を抱えてアニメに接しているうちに，筋や台詞以外の表現が気になり始めた。すると，そこには視覚の快楽ともいうべき映像表現の存在があった。そして，予期せず映像がもたらす視覚の快楽に対峙し続けるうちに，さまざまな映像は緻密に構成されており，筋や台詞以外の要素がその存在感を下支えしていることに気づいた。本章では，こうした文字以外の情報としての映像との接し方について考える。

(2)　映像の時代と CM

　映画・テレビから，YouTube・TikTok などあらゆるネット動画へ。ますます映像の時代というべき環境が拡大・深化しつつある。これらの視覚だけではない複合的な情報は，複雑な要素を持っている。映像表現は表面的な内容だけでなく，表面下の内容にも目を向けることでより深い理解ができる。私たちが映像を見るとき，大多数の人が共通して理解しているのは筋である。

　しかし，映像は物語以外の複雑な要素で構成されており，映像にとって「見

せられるもの自体と同じくらい，それをどのように見せるかが重要」（ドナルド・リチー『映画理解学入門――映画のどこをどう読むか』徳間書店，2006）なのである。私たちが映像を理解するだけでなく，さまざまな印象を受けたり，感動したりするのは物語のためだけではない。映像の表現に注目することで，より映像を深く理解し，作品の魅力を享受することができる。

　映像のあり方が多様化しつつある現在，メディアのあり方が変わろうともCM（コマーシャル・メッセージ：本章では広告映像）はさまざまな映像の多くを支えている存在である。CMには4つの機能がある（波田浩之『新版　広告の基本』日本実業出版社，2018）。それは以下の4つである。商品やサービスに関する情報を認知させる「情報伝達機能」。行動を起こさせる，認識やイメージを変える「説得機能」。広告主とステークホルダー（企業に利害関係を持つ人や組織）との関係を深める「関係強化機能」。広告そのものが作品として楽しまれる，広告の内容が社会に影響を与える「文化的・社会的機能」。

　また，CMは一般的な映像よりも目的が比較的わかりやすく，そのメッセージが相対的に明確だと考えられ，映像の分析・考察に取りかかるには向いていると考えられる。本章では，東洋水産の「赤いきつね・緑のたぬき」と日清食品の「どん兵衛」のCMを資料にその映像表現のあり方を分析する。

 ## 映像の成り立ちとCM分析

(1)　映像の構成と文法

　映像は筋だけでなく，さまざまな要素で構成されている。筋以外の要素に着目することで，さまざまなアプローチが可能となる。こうした要素は，映画の研究書や映像制作に関する書物で解説されている。例えば，ある映画の研究書（ルイス・ジアネッティ『映画技法のリテラシー I ――映像の法則』フィルムアート社，2003）では映像の要素として，「フォトグラフィ」「ミザンセヌ」「動き」「編集」「サウンド」「演技」の6項目を解説している。以下，この6つを手がかりに筋以外の要素を概観し，分析の視点となるポイントを確認する。

　「フォトグラフィ」とは，1枚1枚の写真の連続である映画が，どのように

して撮影されているかという要素である。主な要素に，ショット，アングル，などがあり，それぞれの違いが映像の印象や意味に大きく関与する。

　ショットとは，被写体（主に人物）とカメラの距離で，映っている被写体の大きさで判断されることが多い。例えば，被写体を長距離から撮影した（人物が小さい）ロングショット。中距離からの（人物の全身がちょうど収まる）フルショット。近距離から（人物の腰より上が収まる）のミディアムショット。接近して撮影した（人物の胸より上が収まる）クローズショットや，より近接しての（顔や部位の拡大）クローズアップといった具合である。これらは，見るものに注視の範囲を誘導し，さまざまな印象や意味を付与し，他の要素とも密接に関係している。また，アングルとは，カメラの設置位置いわばカメラの視点である。これらが映像の存在感に大きく関わっている。

　「ミザンセヌ」とは，フレーム（スクリーンあるいは画面）内にどのような構図で被写体を見せるかに関わる配置法である。例えば，映像の枠となるフレームの縦×横の比率（画面比）。映像の枠内にどのように被写体を配置するかといった構図も問題となる。

　「動き」とは，映画を英語で「movie」というように，映画にとって重要な意味を持つ。被写体がどのように動くのか。それだけでなく，フレームの右から左，左から右といった横の動き，上下の動き。あるいはカメラ（見る者）に対して向かってくるのか，遠のいていくのかといった前後の動き。これらにより，前出のショットやアングルが変化する。

　「編集」とは，カメラを止めないで一度に撮影された一連の映像であるショットをつなぎ合わせる（この編集の最小単位がカットである）ことである。前述の要素は映画を構成する基本単位となるショットに関するものである。ショットとショットがつなぎ合わされシーンとなり，シーンとシーンがつなぎ合わされ，エピソードを構成するシークエンスとなり，シークエンスが紡がれて作品となる。編集についてもさまざまな方法と理論が存在するが，原則作者（多くの場合監督）にゆだねられている。だからこそ，1ショットにももちろんであるが，ショットが編集された集合である映像作品には文法ともいうべきものがある。ゆえに，映像も読む必要があるのだ。

　「サウンド」とは，映像の音声すべてに関わるものである。例えば，台詞の

声の調子や強弱といった声色。さまざまな音響効果の音の高低，音量，テンポ，音質。バックグラウンド音楽やミュージカルなどの音楽表現の音色や調子，時代や社会的背景，感情への訴えかけなど，映画をはじめとする映像には音声が重要な要素となる。

「演技」とは，主に人物である被写体がどのように作品中で存在するかに関わるものである。演技とは演じることであるから，役者（キャラクターなど）がどのように振る舞い感情を表現するか，アクションシーンも含めどのように動くかということが重要である。さらに，作品中で演じる被写体（役者／キャラクターなど）そのものの存在が，作品に対して非常に大きな影響力を持つ。被写体の声については前要素で指摘したが，その容姿，衣装をはじめとして被写体にまつわるさまざまなものが印象や意味に関わっている。

以上，一定の映画理論を手がかりに分析の視点を見てきた。映画をはじめとする映像の理論が完全に体系化されているとは必ずしもいえない。しかし，日常的な感覚を離れて映像の読み解きにアプローチする手がかりとしては，有益であると考えられる。

⑵ CM分析と分析対象

映像の解釈は書物などの文字情報とくらべて，どうしても個人的な印象が中心になりやすい。映像の分析に際してはいかに分析対象と距離をとり，客観的になれるかが肝心である。映像をくり返し見ることは当然だが，映像を見ながら記述する必要がある。それをデータとして扱い，分析・考察するには一定の基準（尺度）が必要となる。

今回は，前述の「動き」「サウンド」「演技」を念頭に，15秒／30秒のCMのカット（編集された一つながりの映像の区間）を文字情報・音声情報を中心に記述する（**図表10‒1・10‒3**）。つぎに，前述の「フォトグラフィ」「ミザンセヌ」「編集」を念頭に，画面構成（ショット／カットサイズ）と時間，被写体など画面に映し出されるものを中心に記述する（**図表10‒2・10‒4**）。また，カットの時間は，ネット動画を利用することを前提に大まかな時間の記述（合計で15秒／30秒になる）にしている。さらに，絵コンテのように詳細な記述はあえて避け，焦点化しやすいように記述する基準も絞り込んである。

次節では，具体的に 2 つの CM を分析・比較し，それぞれの CM の表現と存在感について検討する。分析対象とする CM は，テレビを録画してもいいし，企業の公式サイトや YouTube などを利用することも可能である。

　分析の前に分析対象とする資料を概観する。両者はともにカップ麺（うどん・そば）で，トップシェアを争っているいわゆる定番商品の CM である。その知名度は共に大きく，タレントを起用しどちらもシリーズ化している。東洋水産「赤いきつね・緑のたぬき」の CM「共に食べる」篇（2021年 1 月公開）と，日清食品「どん兵衛」の CM 寝言篇（2021年 2 月公開）である。共に15秒バージョンを比較する。15秒バージョンは，30秒バージョンの半分の時間であるので，よりポイントが凝縮されていると考えられるからである。

CM の表現と訴求力

(1)　「赤いきつね・緑のたぬき」CM の表現と訴求ポイント

　まず，「赤いきつね・緑のたぬき」の CM「共に食べる」篇（https://www.maruchan.co.jp/cm/）を検討する。登場するタレントは，武田鉄矢と濱田岳。映像はフル CG（「シネマチック CG」）で表現されており，タレントが演じるキャラクター以外にそれぞれ，女性と男性のキャラクターが登場する。共に CV（キャラクター・ボイス）を声優が演じており，それぞれ花江夏樹，三森すずこという人気声優を起用している。ちなみに，花江夏樹は記録的ヒットを遂げた『鬼滅の刃』の主役をつとめている。さらに，BGM を人気ロックバンド MAN WITH A MISSION を起用し，CM 書き下ろし曲「evergreen」を採用している。

　「赤いきつね・緑のたぬき」CM（15秒）は，9 カットである。カット毎にコトバを中心とした文字・音声の情報に注目して見ていく（図表10‑1）。第 1 カットは約 1 秒。マルちゃんのブランドロゴに「Smiles for All.」「すべては，笑顔のために」の文字が表示され，「Smiles for All.」の音声とロゴが舌なめずりするアニメーション。第 2 カットは約 1 秒。「赤緑合戦～和解の時～」の文字。向かい合う武田と濱田が商品で乾杯し，武田「ともによく戦った」のセ

図表10-1 「赤いきつね・緑のたぬき」CMの文字・音声情報

No.	秒	文字	音声	BGM	ト書き
1	1	Smles for All. すべては，笑顔のために	ナレータ：Smles for All		ブランドロゴ（舌なめずりアクション：アニメーション）
2	1	赤緑合戦～和解の時～	武田：ともによく戦った		武田と濱田が商品で乾杯，各背後にモブ＋ズームイン
3	2	♪MAN WITH A MISSION	武田：緑のたぬきを食べるぞ	○	商品パッケージを構える背後にモブ
4	2		濱田：赤いきつねじゃ	○	商品パッケージを構える背後にモブ
5	2		女忍キャラ（三森すずこ）：じゅわっとおあげ	○	キャラ箸上げ左／商品アップ右（画面分割2ウィンドウ）
6	2		男武将キャラ（花江夏樹）：小エビ天ぷら	○	キャラ箸上げ左／商品アップ右（画面分割2ウィンドウ）
7	1		濱田：この美味しさを	○	走る馬上で商品パッケージを構える背後に走るモブ
8	1		武田：天下に知らしめよう	○	走る馬上で商品パッケージを構える背後に走るモブ
9	3		武田：♪赤いきつねと緑のたぬき（叫びと騎馬音）		両陣営の騎馬が迫るモブ＋ズームアウト＋商品挿入

リフ。第3カットは約2秒。画面右下には「♪MAN WITH A MISSION」のクレジットが出る。ここからBGM「evergreen」が流れ，第8カットまで続く。武田が商品パッケージを構え，「緑のたぬきを食べるぞ」と叫ぶ（背後にモブ）。第4カットは約2秒。濱田もパッケージを構え，「赤いきつねじゃ」と叫ぶ（背後にモブ）。

　第5カットは，約2秒。画面が左右に2分割され，下手（画面左幅狭：下位）に女性キャラが商品の箸上げをしながら，「じゅわっとおあげ」，上手（画面右幅広：上位）に赤いきつねの商品アップ。第6カットは，約2秒。赤いきつねと同様に，画面が2分割され，下手に男性キャラが商品の箸上げをしながら，「小エビ天ぷら」，上手に緑のたぬきの商品アップ。第7カットは，約1秒。騎馬の軍勢を率いながら，馬上でパッケージを構える濱田。「この美味しさを」。第8カットは，約1秒。同じく騎馬隊を率いながら，馬上でパッケージを構える武田。「天下に知らしめよう」。第9カットは，約3秒。両陣営の騎馬が合流し，雄叫びと騎馬隊の走り迫る音。武田オフ（フレーム外の音）でジングル（節

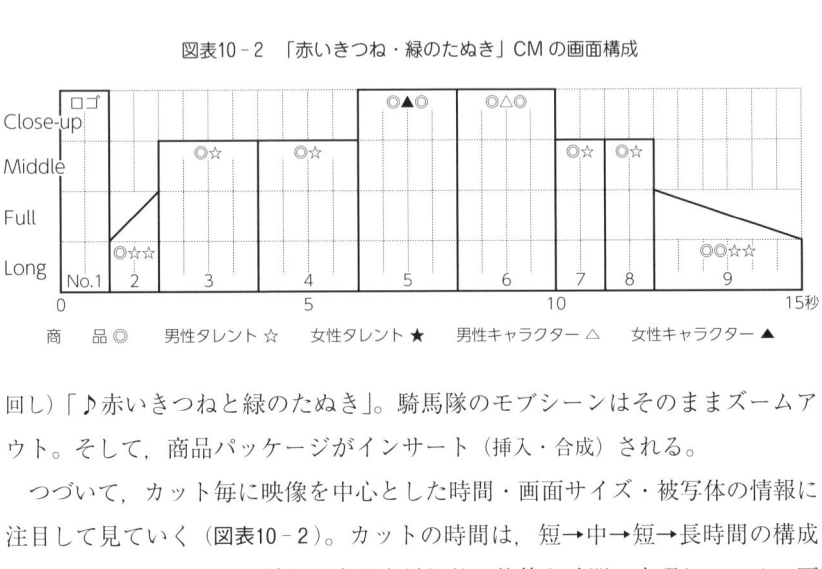

図表10−2 「赤いきつね・緑のたぬき」CM の画面構成

商　　品◎　男性タレント☆　女性タレント★　男性キャラクター△　女性キャラクター▲

回し）「♪赤いきつねと緑のたぬき」。騎馬隊のモブシーンはそのままズームアウト。そして，商品パッケージがインサート（挿入・合成）される。

　つづいて，カット毎に映像を中心とした時間・画面サイズ・被写体の情報に注目して見ていく（図表10−2）。カットの時間は，短→中→短→長時間の構成になっている。また，２種類の商品を対比的に均等な時間で表現している。画面サイズも第５・６カットを中心にロング→クローズアップ→ロングへと移行している。前後対称な構成であり，同じく２種類の商品を対比的に均等な画面サイズで表現している。映像表現では，最初のカットのブランドロゴ，それに続くすべてのカットに商品が提示されており，ミドルショットとクローズアップで訴求されている。上記と合わせて考えると，「赤いきつね」「緑のたぬき」の２つの商品の商品名とパッケージがくり返し訴求されている。

　この CM の物語は，赤いきつね（軍）と緑のたぬき（軍）は激しく競い合ってきたが，和解し両商品の美味しさ（魅力）を広く訴えようという合戦ドラマである。文字と音声によるメッセージは，企業ブランドの訴求，商品名「赤いきつね」「緑のたぬき」の連呼による訴求である。また，「じゅわっとおあげ」「小エビ天ぷら」という商品説明をしているが，商品の優位性や個性をこれといって訴えていない。商品名とそのパッケージを徹底的に訴求している。

　BGM については，バンド名の文字を表示し，ブランドロゴと商品パッケージを前面に打ち出した最初と最後のカット以外長時間流れているが，音量のせいか存在感が薄い印象である。また，登場するキャラクターは，全て CG であるので，ある種の存在感はある。とくにタレントである２人は，本人に非常に似ているが，やはり違和感があり，かえってそれがフック（刺激や引っかかり）

になっている。一方で，人気声優とキャラクターは，声優ファンの受け手以外にどの程度アピールできているかは不明である。

(2) 「どん兵衛」CM の表現と訴求ポイント

つぎに，「どん兵衛」のCM「寝言篇」（https://www.donbei.jp/cm/）を検討する。登場するタレントは，星野源と吉岡里帆。星野は一人暮らしの独身男性と思われる。吉岡は，どん兵衛きつねうどんを食べると現れるキャラクターどんぎつね。シリーズを通じて星野の家を中心に現れ愛らしいやり取りを繰り広げる。

「どん兵衛」CM（15秒）は，14カットである。カット毎にコトバを中心とした文字・音声の情報に注目して見ていく（**図表10-3**）。第1カットは約1秒。こたつに向かい合って入っている吉岡と星野。星野は寝ている。机上には商品（天ぷらそば）。場面の状況説明がなされる。このカットから第6カットまで，どん兵衛のテーマBGMが流される。第2カットは約0.5秒。星野が寝言を言う「……るみ」。第3カットは約2.5秒。吉岡は，怪訝(けげん)な顔で復唱する「るみ？」，画面いっぱいのクローズアップ。「るみ？」のテロップ。第4カットは約0.5秒。星野がさらに寝言を言う「かおり」。「かおり」のテロップ。5カットは約1秒。吉岡は，怪訝な顔でさらに復唱する「かおり？」，画面いっぱいのさらに大きい超クローズアップ。「かおり？」のテロップ。以下，吉岡単独のカットは全て，画面いっぱいのクローズアップ。第6カットは約1秒。星野がほくそ笑みながら寝言を言う「一番好き」。第7カットは約1秒。間髪入れずホラ貝を吹く吉岡，「フォー」と大きな音。第8カットは約1秒。

第7カットから，一連の動作が継続しながらカットが切り替わる（アクションつなぎ）。第8カットは約1秒。叫びながら飛び起きる星野。第9カットは約1.5秒。「誰ですか?!」問い詰める吉岡。第10カットは約0.5秒。「るみとかおりって??」コトバを続ける吉岡。第11カットは約2秒。パッケージのクローズアップ，「つるみと香り」の文字が映し出され，エフェクトがかかる。このカットから最終カットである第14カットまで，どん兵衛のテーマBGMが流される。BGMは第1～6カットまでとほぼ同じ長さで繰り返される。第12カットは約1秒。星野オフ（フレーム外の音）で「こだわりのつるみと香り」，商品，

No.	秒	文字	音声	BGM	ト書き
1	1			○	こたつに入っている吉岡と星野（寝ている）
2	0.5		星野：……るみ	○	寝言をいう星野
3	1	るみ？	吉岡：るみ？	○	復唱する吉岡
4	0.5	かおり	星野：かおり	○	寝言をいう星野
5	1	かおり？	吉岡：かおり？	○	復唱する吉岡
6	1		星野：どっちも好き	○	ほくそ笑み，寝言をいう星野
7	1		ホラ貝：フォー（次のカットも継続）		ホラ貝を吹く吉岡＋アクションつなぎ
8	1		ホラ貝＋星野：うわぁー，うわぁー		アクションつなぎ＋飛び起きる星野
9	1.5		吉岡：誰ですか？		問い詰める吉岡
10	0.5		吉岡：るみとかおりって??		問い詰める吉岡
11	2	パッケージ「つるみと香り」	吉岡：つるみとかおり	○	パッケージの「（つ）るみと香り」文字にエフェクト
12	1	つるみと香り	星野：こだわりのつるみと香り	○	商品，そばを箸上げ
13	1.5		星野：おそばはどん兵衛	○	ホラ貝を持ちながら微笑む吉岡＋商品挿入
14	1.5		星野・吉岡：ははははは	○	こたつで笑い合う吉岡と星野

そばを箸上げ。「つるみと香り」のテロップ。第13カットは約1.5秒。星野オフで「おそばは，どん兵衛」。第14カットは約1.5秒。こたつで笑い合う星野と吉岡「ははははは」。

　つづいて，カット毎に映像を中心とした画面サイズ・時間・被写体の情報に注目して見ていく（**図表10-4**）。カットの時間は，比較的短いカットの画面展開で，中→短→中というカットのくり返しの構成になっている。また，2人の

図表10‐4 「どん兵衛」CM の画面構成

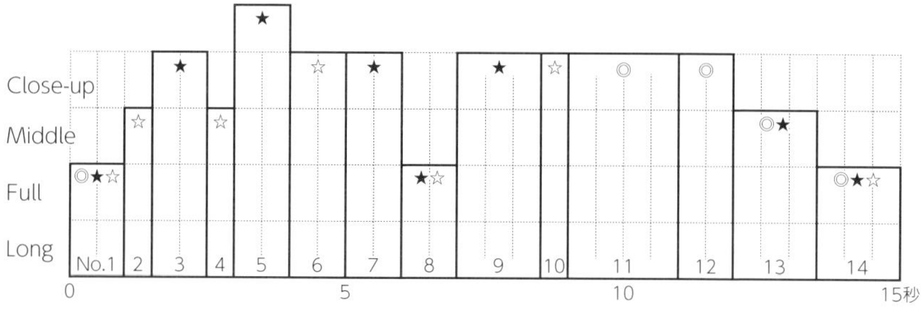

商　品◎　　男性タレント☆　　女性タレント★

タレントの掛け合うカットは，常に女性のカットが男性のカットの倍の時間という不均等な時間で構成されている。画面サイズもロングがなく，フル→クローズアップ→超クローズアップ（第５カット）→クローズアップ→フルで構成されており，６割近くがクローズアップである。映像表現では，ほとんどのカットが星野（ミドルショット中心）４カットと，吉岡（クローズアップ中心）５カットで構成され，タレントの顔が強調されている。とくにキャラクターのどんぎつね（女性の吉岡）の顔と表情がもっとも強調されている。商品は最初と最後に小さく映り込んでいるものの，商品が大きく訴求されるのは第11～14カットのみである。また，音に注目すると，ホラ貝を吹く第７～10カットが引っかかりとなり，フックであるホラ貝の音を中心に，その前後がどん兵衛のテーマが流れ，後半の商品訴求に効果的な構成となっている。

　このCMの物語は，１人暮らしの星野のもとにどん兵衛を食べると，どんぎつねの吉岡が現れる。こたつで眠る星野が寝言でどんぎつね以外の女性の名前を言う。さらに，別の女性の名前の寝言。どんぎつねが複数の女性に嫉妬するラブコメディである。文字と音声によるメッセージは，麺に魅力があるどん兵衛のそばをアピールしている。BGMはホラ貝の音が印象的な「転」にあたる中盤を除く前後に流れ，２人のやり取りの部分でどん兵衛のメロディをオフで流し，イメージ付けしている。

　登場するタレントは，共に大変人気と好感度があると考えられ，その存在感が商品よりも際立っている。とくにどんぎつねのキャラクターはシリーズを通じて大変人気があると考えられ，注目を集めている。その事を意識しているよ

うに，商品の特長の訴求はストーリーに絡めながらも，吉岡と星野で魅せるラブコメディとなっている。

⑶ CM の表現と文化的な意味

以上，東洋水産「赤いきつね・緑のたぬき」と日清食品「どん兵衛」の CM を検討してきたが，同じカップうどん・そばという商品の CM であるが，それぞれの表現のあり方はどのように違うのだろうか。どちらの CM も15秒であるが，カット数が「赤いきつね・緑のたぬき」では 9 カット，「どん兵衛」では14カットであり，映像のテンポが異なった。

「赤いきつね・緑のたぬき」は，ほぼ全てのカットに商品の映像を大きく打ち出し，言葉によるメッセージは商品名を中心に訴求していた。一方，「どん兵衛」では，商品の映像を大きく扱ったカットは 3 カットのみで，人気タレントの顔を大きく扱ったカットが 9 カットであった。とりわけ「どんぎつね」に扮した吉岡の表情をより大きく扱ったカットに比重があった。商品については，一連のシリーズでは「どん兵衛きつねうどん」を中心に展開してたので，本 CM では，「どん兵衛天ぷらそば」のそばの魅力を訴求していた。

さらに，各 CM は商品に関連したメッセージや訴求ポイントに留まらず，映像表現としての力点があり独自の存在感を獲得していた。「赤いきつね・緑のたぬき」はスペクタクル映画の存在感であり，「どん兵衛」はキャラクターを演じる女性俳優の魅力を見せつける存在感である。両者は共に商業的な商品情報のメッセージを超えて，その表現は文化的な意味があると考えられる。

さまざまな映像情報を読みとく

本章では，映像情報である CM について分析し，その表現のあり方を検討した。CM は一般的な映像よりも目的が比較的わかりやすく，そのメッセージや訴求ポイントを分析しやすい。分析に際しては，あいまいな印象に捕らわれず，客観的に分析対象と距離をとり，映像を見ながら記述することが重要である。それをデータとして扱い，分析・考察するには一定の基準を定めることが肝要である。基準によって，印象にあること／ないことが実証的に分析できる。

映像としての CM の分析・比較の結果，商業的なメッセージや訴求ポイントは大きく異なっていた。それは言語メッセージよりも映像表現によって，より明確に把握できた。「赤いきつね・緑のたぬき」では，「シネマチック CG」と銘打ち映画のような表現を行い，人気声優や人気ロックバンドの起用をして，明示的なメッセージ以外の「作品」としての存在感を高めていた。一方，「どん兵衛」では，どんぎつねのキャラクターとその魅力に最重点をおき，徹底的に訴求することで存在感を高め，強い印象を与えていた。今日女性俳優を中心に，テレビのトーク番組よりドラマ，ドラマより大手企業を中心とした CM の方がはるかに美しく魅力的に表現される。実際，本作品の女優の人気はこの CM キャラクターを演じることをきっかけに，飛躍的に上昇した。両者に共通し重要なのは，CM は商業的なメッセージも大切だが，「文化的・社会的機能」がより顕在化しその存在感が増していることである。

インターネットの普及，動画サイトの人気に見られるように，映像情報に触れる機会が飛躍的に増えている。さまざまな映像を見るとき，筋（場の状況）や台詞（メッセージ）といった普段言葉で捉えている情報以外を含めた総合的な読み解きを行うことで，文字情報ではない「映像」情報の意味が浮き彫りになってくる。今回は，CM 映像を題材にしたが，その他さまざまな映像に対しても非言語的情報に対する目配りを忘れないで欲しい。「メディアはメッセージ」という言葉を出すまでもなく，映像がもたらすメッセージの直接的／間接的な意味，またそれらを下支えする表現の要素を総合的に分析することで，例えば，社会的な問題となっている暴力表現のより細やかな評価に対しても新しい視角が得られると期待したい。

練習問題

本章の記述・分析手法を参考にし，自身が気になる CM について分析しよう。最初に CM をくり返し見て，印象をメモしよう。つぎに**図表10 - 1・10 - 3**を参考に，「動き」「サウンド」「演技」を意識して，文字・音声情報をカット毎に記述してみよう。つづいて，**図表10 - 2・10 - 4**を参考に，「動き」「サウンド」「演技」を意識して，映像情報をカット毎に記述しよう。そして，

印象メモと比較し，図表からどのようなメッセージと訴求ポイントが見いだせるか検討してみよう。

　さらに，最初のCMとは異なる商品や印象を持ったCMを同様に記述し，分析し比較しよう。それぞれのCMの商業的／文化的メッセージや意味を考えてみよう。そして，それぞれに違いのある理由を考えよう。また，その違いが意味することはなにか考えてみよう。

📖 おすすめの文献

① 波田浩之 2018『新版　広告の基本』日本実業出版社
　広告についてその世界をさまざまな角度から手軽に知ることができる。理論だけでなく，実務にも通じる内容である。

② ドナルド・リチー 2006『映像理解学入門——映画のどこをどう読むか』徳間書店
　映画の物語以外の要素がもたらす映画の機能について焦点を当て，総合的な映画の読み解きを試みている。その分析の視点は非常に示唆深い。

③ 阿部潔・難波功士編 2004『メディア文化を読み解く技法——カルチュラル・スタディーズ・ジャパン』世界思想社
　さまざまなメディアの読み解きを試みている。筆者も「アニメ」の表現様式について論じているので，興味のある方は参照されたい。

（山里 裕一）

ソーシャルメディア分析法

☞ SNS でどのように調査するか？

ソーシャルメディアに〈社会〉をみる

　私のゼミではなるべく学生それぞれが興味を持つテーマや対象を，卒業研究でとりあげることにしている。ここ数年，ソーシャルメディアにかかわる研究をしたいという学生が増加してきたが，その質的な調査・分析法について詳細な文献がまだ少なく，基本的に手探りで研究を進めてきた。本章ではこうした経験をふりかえりつつ，ソーシャルメディアから，またはソーシャルメディアを介して，一次資料（生データ）を得て進めた学生の研究事例を紹介しながら，ソーシャルメディアの調査・分析の方法について考えていきたい。

　ここでのソーシャルメディアとは，Twitter，Instagram，Facebook などの SNS（ソーシャル・ネットワーク・サービス）に加えて，LINE などのメッセージアプリ，YouTube，ニコニコ動画などの動画サイト，2ちゃんねる（5ちゃんねる），インターエデュなどの掲示板，食べログなどの情報共有サイト，ブログなども含む幅広いものとする。インターネットやデジタル技術を用いて，誰もが自由に情報を投稿でき，時には人と人とのつながりを作り出すメディア（プラットフォーム＝インフラ）やサービスを指す。

　2000年以降，インターネット，スマートフォン，ソーシャルメディアが私たちの生活に急速に入りこみ，さらにコロナ禍でソーシャル・ディスタンシングが求められるなか，私たちの現実（「社会」の認識）をつくりあげるもののひとつとして，ソーシャルメディアはなくてはならないものになった。大学やアルバイト先などの物理的な空間（対面）で出会う人や社会と，ソーシャルメディアを介して出会う人や社会は，時に絡み合い，複雑な様相を呈するようになった。とはいえ，ここでは，あえてソーシャルメディアという領域を設定し，

ソーシャルメディア内の社会には，どんな人が集って（立ち寄って）いるのか，そこにはどんな関係のパターンがあるのか，どんな仕組みやルールがあり，物理的な空間での出来事とどのように関わっているのか，といったことを考えていきたい。

　前もって断っておくと，ゼミではソーシャルメディアから得たデータのみを用いて進めた研究は少なく，研究目的に対して必要であれば，ソーシャルメディアでの調査も行うというスタンスであった。2016年から2020年に行った研究を中心としているが，ソーシャルメディアの世界はめぐるましく変化している。利用者の様相が数年で変化することも多いので，総務省「通信利用動向調査」などを参考に最新の動向をチェックしてほしい。もちろん，ネット炎上や著作権などソーシャルメディアに関わる研究や，Google などの ICT 企業の動向についても目配りしておこう。

　またどんな調査にもいえることだが，調査前に問題意識を明確にしておく必要がある。インターネットの情報の波にのまれないためにも，自身の進む方向をはっきりさせてから出発した方がよい。また，自分の研究テーマに関わるソーシャルメディアにはどんなものがあるのか，見落とさないよう事前にしっかり調べておくことも大切だ。

 ソーシャルメディアで何を調べることができるのか

　ソーシャルメディアは，多くのコンテンツやコミュニケーションの痕跡が集積する場所であり，コミュニケーションのツールでもある。両者が絡み合っているソーシャルメディアで，どんな調査ができるのか，教員として気づいた点を加えつつ，学生たちの事例を紹介していきたい。

(1)　YouTube の人気者＝インフルエンサー

　A さんがとりあげたのは，「男性ファッション系 YouTuber」の「ハズム」である。ハズムは YouTube のチェンネル登録者数13万人，最も視聴されている動画は65万回以上再生されている（2020年7月時点）人気 YouTuber つまりインフルエンサーである。ところで，これを読んでいるみなさんは，ハズムを

知っているだろうか。一部の人は知っていても，多くの人はまったく知らないのではないか。ここにソーシャルメディア接触の特徴がある。新聞やテレビなどのマスメディアでは，幅広い人やジャンルに触れる機会が提供されているが，ソーシャルメディアの有名人は，多くの人がその人物だけでなく，その人物が属するジャンルの存在にすら気がつかないということが往々にしてある。

　Aさんがまずしたのは，「男性ファッション系YouTubeチャンネル」にどんなものがあるのか一覧表をつくることだった。動画共有サイト，SNS，ブログなどでは，人気ランキングを公表していることが多いが，適切なジャンルのランキングが設定されていないことが多い。そういう時はWebサイトが参考になる。検索サイトで「男性ファッション　YouTube　ランキング」等で検索し，いくつかのサイトから，調べたいジャンルのYouTuberやYouTubeチャンネルをリスト化していった。そして，登録者数や動画の内容でそれらを整理していく。Aさんは三つのWebサイトを参考に，リストを作成し，それぞれのYouTubeチャンネルを検討して，ハズムを「男性ファッション系You-Tuber」の中に位置づけた。

　特定のソーシャルメディアの特徴を調べるために，ランキングを利用した事例もある。ソーシャルメディアでは登録者数やフォロワー数が多い，ソーシャルメディアの人気者＝インフルエンサーをランキングとして公開していることが多い。あるソーシャルメディアの人気者はどんな人なのか。Bさんは，Instagramの「人気者」と「インスタ映え」との関係を研究した。まず企業アカウントを除いたフォロワーランキングの100位までの人物を抽出して，性別や職業を分析した。さらにフォロワーランキング第1位の渡辺直美さん（コメディアン，フォロワー数901万人，2019年12月時点）の1年分の投稿の分析を行うことで，「人気者」の表象を明らかにしている。

⑵　ネット掲示板にみる世論

　ネット掲示板を分析した事例を紹介しよう。テレビドラマ「逃げるは恥だが役に立つ」（2016年10月～12月放送，TBS系列）を題材に，家事労働の意識について論じたCさんは，オーディエンスがどのようにこのドラマを受容したかを知るために，ネット掲示板「ちゃんねるレビュー」を調査した。「ちゃんねる

レビュー」は，テレビドラマの感想・レビューサイトである。Cさんの調査時点では，「逃げるは恥だが役に立つ」に2509件の投稿がなされており，Cさんが論じていたドラマ内の「契約結婚」についての意見が129件，主人公「みくり」が家事労働を「愛情の搾取」だと表現したことに対する意見は164件あった。投稿にある程度の量があったため，「ちゃんねるレビュー」のみで分析を進めた。

　一方，テレビドラマ「結婚しない」（2012年10月～12月放送，フジテレビ系列）を取り上げたDさんは，「ちゃんねるレビュー」に加え，「テレビ王国」「発言小町」というネット掲示板を利用し，368件のレビューを収集している。「発言小町」はテレビ番組のレビューサイトではないが，ドラマ「「結婚しない」について語りませんか？」と呼びかけるスレッドがあり，番組のレビューに該当するものを抽出して一次資料に加えた。

　ネット掲示板では，管理者によって程度はさまざまであろうが，編集が加えられていると考えるべきだ。さらにいうならば，同じ人物が何度も書き込んでいる可能性もある。そうしたことも勘案すると，一次資料とする投稿にはある程度の量が必要となる。量の確保のために，さまざまなネット掲示板からデータを収集する際は，ネット掲示板によって信頼性が違っていること，テーマによっては意見の偏りがあることにも配慮が必要だろう。

　人びとがどのような意見や感想を持っているかを知るために，YouTube やブログなどのコメントをとりあげたこともある。例えば，アイドルグループ「欅坂46」を取り上げたEさんは，「欅坂46 OFFICIAL YouTube CHANNEL」に書き込まれたコメントを分析した。学校での同調圧力など「社会的な圧力に対する拒否や抵抗」が歌詞に織り込まれた5曲を抽出し，YouTube 動画のコメント欄をみていったが，コメントが大量ですべて分析するのは難しいと判断した。そのため，まずコメントを「評価の高い順」に並べ替え，各曲につき上位300件（合計1500件）のコメントを抽出して分析することにした。

　このようにソーシャルメディアに投稿された意見や感想を一次資料として利用する場合は，一次資料となる投稿が「少なすぎる」という問題の他に「多すぎる」という問題も出てくる。もちろん時間があれば，すべて目を通す方がよいのだろうが，時間に制約がある中で調査する場合，分析対象をどのような範

囲とするかを検討しなければならない。

(3) ソーシャルメディアでのコミュニケーション

　学生から研究したいテーマとして挙げられるものの，実際には研究に至らないことが多いテーマが「ネット炎上」である。ネット炎上とはブログやSNSなどソーシャルメディアでの発言に，批判的なコメントが殺到することで，差別など社会的に注目されている論点にかかわることも多い。ところが，いざデータを集めようとすると，炎上したブログやSNSの記事やコメントが（時にはアカウントごと）削除されているのだ。ネット炎上の概要が「まとめサイト」に書かれていたり，スクリーンショットされた一部の情報が入手できたりすることもあるが，これらはすべて二次資料であることに注意してほしい。

　ネット炎上を対象とした研究に，Fさんの「保育園落ちた日本死ね」ブログ炎上の研究がある。「保育園落ちた日本死ね」ブログの炎上問題とは，2016年に東京都内在住の30代前半の女性が，息子が保育園に入園できなったことを「はてな匿名ダイアリー」に匿名で投稿し，コメント欄が炎上，これを野党議員が国会で取り上げたところ，安倍首相が「匿名である以上，実際に本当であるかどうかを，私は確かめようがない」と発言。これをうけて，子供が保育園に落ちた保護者たちが「＃保育園落ちたの私だ」のプラカードを持って抗議し，その後の待機児童の解消にむけた社会運動や政策の実現につながっていった。Fさんの調査時点で，「保育園落ちた日本死ね」ブログは削除されておらず，コメント161件も確認できたため，ブログとコメントを全て保存し，分析することにした。Fさんの研究目的は，ネット炎上がどのように社会運動や政策に結びついていったかを明らかにすることであり，新聞や雑誌の記事もたくさん入手することができたが，やはり起点となったネット炎上がどのようなものであったかを検討することは重要だろう。

　SNSの調査で重要なのが，ハッシュタグ検索である。ハッシュタグとはSNSに投稿する際に，投稿者がキーワードに＃をつけたもので（例えば，#MeToo運動にもなった#MeTooの＃がハッシュタグ），関心や趣味が似た，ハッシュタグにつけられたキーワードでつながろうとしている人々を見つけることができる。

テーマパークのキャラクターとファンの関係を研究したGさんは，東京ディズニーリゾート（TDR）のオリジナルキャラクターである「ダッフィー＆フレンズ」を取り上げた。GさんはTDRで定点観測をし，ダッフィーとシェリーメイというキャラクターのグリーティング施設に並ぶゲストを調査した。するとひとりで並んでいる女性が，ダッフィーグリーティングで23％，シェリーメイグリーティングで43％を占めており，ひとりで列に並ぶゲストの多くが一眼レフカメラを所持して，ダッフィーのワンショット写真を撮影していた。そこで，女性の利用率が高いInstagramで「＃ダッフィーグリ」というハッシュタグがつけられた投稿を検索し，7283件の投稿のうち調査日時点で最新の300件の内容を分析した。その結果，最も多い投稿内容はダッフィーのワンショット写真だったことを明らかにしている。

ハッシュタグ検索の際に日付や時間を限定する機能があるが，それが調査で役立つこともある。ラジオ番組やテレビ番組の放送中に，放送内容や感想を「実況ツイート」し，オーディエンス同士がそれを共有しあうことがある。ラジオ番組「オードリーのオールナイトニッポン」を事例に，ラジオ番組をめぐるコミュニケーションや共同性を調べたHさんは，放送中の「実況ツイート」をタグと日時で検索して一次資料としている。「オードリーのオールナイトニッポン」の番組公式ハッシュタグは「#annkw」であり，このハッシュタグをつけることでリスナー同士がつながることができる。このように検索機能をうまく使うことで，ソーシャルメディアでみられるコンテンツやコミュニケーションを一次資料とすることができる。

(4)　デジタル・プラットフォームを考える

ここではソーシャルメディアそのもののあり方を問う研究を紹介する。マーシャル・マクルーハンは「メディアはメッセージ」として，コンテンツだけでなくコンテンツを媒介するメディアを研究することの重要性を指摘している。これはソーシャルメディアであっても同じである。ソーシャルメディアは，〈交流の場〉と同時に〈表現の場〉を提供するデジタル・プラットフォームである。LINE，Instagram，Twitterなどのプラットフォームは，人々のコミュニケーションのあり方や表現の形を，特定の形に誘導して枠づけている。デジ

タル・プラットフォームが，どのように私たちのコミュニケーションや表現を規定し，（例えば，フォロワー数や★の数などで）価値づけているかを問うことも，ソーシャルメディアの社会を考えるためには重要だ。

　例えば，Ｉさんは，「WEAR（ウェア）」というファッションコーディネートアプリを取り上げた。WEAR は自分の着こなしを投稿し，新しい着こなしを探すためのアプリケーションで，ユーザーがコメントを投稿したりフォローしたりできるソーシャルメディアである。WEAR では，ユーザーが投稿したファッションコーディネート写真の服や小物に，ブランド等の情報をタグ付けすることができる。そして，サイトにリンクしているファッション販売サイトZOZOTOWN（WEAR と同じ企業が運営）でその商品が販売されていれば，ユーザーはその商品の詳細をみて，購入することもできる。

　WEAR というプラットフォームに特徴的なのは，WEAR を運営している企業が，お洒落で影響力のあるユーザーに，「WEARISTA（ウェアリスタ）」という称号を与えていることだろう。WEARISTA に認定されたユーザーには，称賛だけでなく，ファッションサイト ZOZOTOWN で使用できるポイントも付与される。つまり，一般のユーザーの上に WEARISTA がいるという階層構造をとっている。あこがれの存在として WEARISTA が設定されることによって，ユーザーにお洒落や投稿（場合によっては買い物）を促していく構造となっているのだ。デジタル・プラットフォームの利用は多くの場合，無料なので忘れられがちだが，ソーシャルメディアは，営利企業によって運営され，さまざまな意図をもって設計されているということを考慮すべきだろう。

(5)　ソーシャルメディアを介して尋ねる

　ソーシャルメディアでは，対面を基本とした物理的空間では簡単に出会うことができない人とつながることができる。こうしたソーシャルメディアのネットワークを調査に生かすこともできる。

　「ジャニヲタ」（ジャニーズ事務所に所属するタレントの熱狂的なファン）でもあるＪさんは，ジャニーズタレントとファンのコミュニケーションについて，「ファンサうちわ」（コンサートでタレントにしてほしいファンサービスを書き込んだうちわ）を中心に研究した。Ｊさんは，ファンサうちわを含む自作うちわに対

する「ジャニヲタ」の意識を調べるため，Twitterを利用してアンケートを実施した。事前に「ジャニヲタとファンサ及びうちわについて」というタイトルのアンケートをGoogleフォームで作成し，Jさん自らのTwitterアカウントにそのURLと依頼文を投稿した。フォロワーの「ジャニヲタ」にアンケートの回答を依頼するとともに，リツイートによるツイートの拡散も依頼した。

　Jさんのアンケートは質問が16項目もあり，自由記述が多いので，私はそれほど回答が集まらないのではないかと予想していた。ところが予想を裏切って，4日間で243名の回答が集まった。この調査方法のよいところは，対面で偶然出会うことが難しい種類の人々（この場合は「ジャニヲタ」）にまとまって調査ができるところである。とはいえ，こうしたネットワークは，一朝一夕にできるわけではない。Jさんのこれまでの「ジャニヲタ」としての活動が，Twitterアカウントの信頼性とネットワークをつくりだしたのだ。

　この調査では，200名以上の回答が集まったが，この結果を一般化して論じるのは難しい。なぜならば，調査の起点はJさん自身のアカウントであり，調査対象者に偏りが出るのは避けられないからだ。匿名で発信でき，複数のアカウントを持つこともできるソーシャルメディアで，どこまで信頼性のあるデータを集められるのか，アカウントを持つ人のソーシャルメディア内でのポジションも含めて，その都度の検討が必要だろう。

　ただし集まったデータは，さまざまな意見や解釈を発見したり，限定された範囲における意見の分布をみたりするには，有用で貴重なものである。この調査の分析でおもしろかったことを紹介しよう。Jさんはこれまでの自身の経験から「現場（コンサート）に行くジャニヲタは，コンサートでのファンサービスを重視している」と考えていた。ところが，Twitterを通じたアンケートでは，約半数が，コンサートでのファンサービスを「重視していない」と答えたのだ。Jさんがその結果に非常に驚いていたのが印象深い。Jさんの論文は，自由記述を丁寧に分析することで，その理由を考察した興味深いものだったが，このように実際に聞いてみることは，調査者自身の仮説（や思い込み）を揺るがし，さらに深く考えていくことにつながることもある。

どう分析したらよいのか

　ソーシャルメディアで得たデータは，研究の目的と得られたデータをつき合わせて，どのように分析したらよいかを事例ごとに自分で考えることが重要だ。ここでは，学生たちの研究をみているなかで気づいた，ソーシャルメディアの調査全般に共通する注意事項や有用だった分析方法について述べていく。

(1) データを保存する

　ソーシャルメディア上のデータを一次資料として使用しようとする場合，まずしなければならないのは，データの保存である。ネット炎上のところでも述べたが，インターネット上のデータは，簡単に書き換えや削除ができる。そのため，分析すると決めたら，「明日にはデータがすべてなくなっているかもしれない」という危機感をもって保存に努めるべきだ。テキストの場合は，ワードなどのワープロソフトやエクセルなどの表計算ソフトにコピーするとよい。他に画面のスクリーンショットや画面録画などを利用して，他の形式のデータも保存しておきたい。その際はもちろん著作権や肖像権に留意しよう。

(2) データをながめる

　分析しようとするデータが大量にある場合，最初にそれらのデータにざっと目を通し，自分の問題意識や研究目的と関わるものかどうかを確かめた方がよい。マスメディアの機能にゲートキーパー（門番）があり，マスメディアに取り上げられる情報は，その真偽も含めてある程度精査されているのに対し，ソーシャルメディアの情報は玉石混交になりがちである。果たして分析に足るデータなのか，見極める必要がある。

　男性ファッション系 YouTuber の研究をした A さんの場合，まず研究対象としたハズムのチャンネルの動画のうち，視聴回数順に上位50本を抽出し，エクセルで一覧表をつくった。最初に一覧表の順にざっと映像に目を通し，ノートに内容のメモをとっていった。何本も動画がある場合は，データ全体を見通すのが難しい。一覧できるリストを作成し，動画ごとに内容のメモをつくろう。

必要に応じて，文字起こしをしたり，動画のキャプチャをとるのもよいだろう。

(3)　カウントする

　大量の情報をもとに考えを深めるためには，情報の整理が必要である。データの印象だけで判断してしまうと，自らの思い込みに引きずられ，見誤ってしまうことがある。重要なデータを見落とさないためにも，データを分類してカウントするとよい。ネット掲示板などの分析において，論点がはっきりしている場合は，肯定意見／否定意見／その他，に投稿を分類する方法がある。

　例えば，先のFさんは，「保育園落ちた日本死ね」ブログのコメント161件を，ブログに対する「肯定意見」「批判意見」「どちらでもない」に分類した。すると「肯定意見」が6件，「否定意見」が22件，どちらにも属さない書き込みが133件あった。さらに，その内容を分類していくことで，例えば「否定意見」は，言葉づかいを批判，待機児童解消の否定，誹謗中傷，の3種類に分けられることがわかった。ただし，これらが日本社会の意見の分布を示すかというと，そうとはいえないだろう。Fさんは，新聞データベースでも「保育園落ちた」というキーワードで検索し，新聞記事とブログのコメントの内容を比較したが，意見の分布はまったく違っている。

　分析の論点がはっきりしていない場合は，内容のカテゴリー化をするとよい。投稿内容にキーワードをつけていき，キーワードを手がかりに類似性・共通性でカテゴリー化していく。ネット掲示板などのテキスト情報だけでなく，YouTubeなどの動画であってもカテゴリー化はできる。男性ファッション系YouTuberの動画を分析したAさんは，最初に**図表11-1**のように動画を分類した。すると「商品紹介」カテゴリーの動画が最も視聴されていることがわかったため，「商品紹介」動画にどんな魅力があるか，さらに分析した。またAさんは，ハズムのYouTube動画において，「自分に関する語り」「家族・友人の出演」「自宅や店舗での撮影」等がどれくらいあるかもカウントし，視聴者に対して親密性や信頼性をどのように醸成しているのかも考察している。

　このように投稿の分類とカウントは，意外な発見ももたらし，質的調査においても論文の説得力を高める効果がある。なお，YouTubeなどのソーシャルメディアでは，自らの経験やライフストーリーなどが語られている場合が多い

図表11-1　男性ファッション系 YouTuber ハズムの YouTube 動画（視聴回数ベスト50）の分類

	カテゴリー	内　　容	本数（本）	総視聴回数（万回）
1	商品紹介	ハズムが購入かつ販売している商品について語る動画	21	約524
2	買い物動画	セレクトショップや街ブラをまとめた動画	13	約324
3	今持っている○○	ハズムの所有アイテムをカテゴリー分けして紹介する動画	4	約121
4	最近購入した○○	自店で扱っておらず他店で購入したアイテムを紹介する動画	4	約77
5	YouTuber モノマネ	ファッション系 YouTuber の癖や喋り方を誇張したモノマネ動画	3	約67
6	質問コーナー	視聴者からの質問をランダムに選び答える動画	2	約42
7	ファッション情報	服の手入れ方法などを紹介する動画	2	約36
8	プライベートについて	ハズムが自分の経験・体験を語る動画	1	約21

（2020年7月1日時点）

が，その場合は，カテゴリーの分析に加えて，年表を作成して情報を整理するとよいだろう。

⑷　比　べ　る

　得られたデータを，他のソーシャルメディアのデータやマスメディアのデータなどと比較すると，新しい視点が得られることがある。例えば，テーマパークにおけるイベントの研究をした K さんは，ユニバーサル・スタジオ・ジャパン（USJ）のホラーイベントを調査し，Twitter と Instagram で「#USJ」「#ハロウィン」「# ホラーナイト」などでハッシュタグ検索し，それぞれにおいて画像が含まれる投稿を分析した。すると Twitter に投稿された画像で最も多かったのは「ゾンビ（ゾンビの仮装をしたダンサー）の画像」（57％）であり，Instagram で最も多い投稿は「仮装したゲストの画像」（61％）であった。その解釈はここでは挙げないが，ソーシャルメディアによって提示される情報が違うことがわかるだろう。

　図表11-2 はラジオ番組「オードリーのオールナイトニッポン」の番組終了時の挨拶と，その際になされたリスナーの「実況ツイート」のスクリーンショ

図表11-2　番組のお別れの挨拶の放送内容とその際の「実況ツイート」

〈放送内容〉
　　若林：おやすミッフィーちゃん！
　　春日：この後また，夢でお会いしましょう。アディオス！

〈Twitter の実況ツイート〉

春日さん、クミさん、第一子（長女）誕生お
めでとうございます！👏
おやすミッフィーちゃん、アディオス。
#annkw

おやすミッフィーちゃん！
このあとまた、夢でお会いしましょう。アディ
オス！
#annkw

今週もお疲れさまでした！**おやすミッフィー**
ちゃん＆アディオス！
春日さん、クミさん本当におめでとうござい
ます！
#annkw

おやすミッフィーちゃん
アディオス！
#annkw

（「オードリーのオールナイトニッポン」2020年 5 月16日放送回）
（#annkw　番組公式ハッシュタグ）

ットである（Ｈさんの卒業論文より）。Ｈさんはこのように放送内容と「実況ツ
イート」を照らし合わせていくことで，ラジオ放送とリスナーのツイートの連
動の様相を分析した。ソーシャルメディアにおいては，放送と同時にリスナー
の反応が可視化され，同時にリスナー間のコミュニケーションが発生している。
こうしたことから現代におけるラジオ番組の聴取のあり方について考察するこ
ともできるだろう。

　さらに，ソーシャルメディアでの表象やコミュニケーションを，これまでに
蓄積があるマスメディアの研究成果と比較するのも有効である。例えば，雑誌
の「読者モデル」とソーシャルメディアの「ファッション・インフルエン
サー」とはどう違うのか。映画の「スター」やテレビの「アイドル」とソー
シャルメディアの「インフルエンサー」とは，何が違うのか。彼ら／彼女らの表
象や，オーディエンスとの関係等を比較してみることで，ソーシャルメディア

の表現形式やコミュニケーションの特徴に気づくことができる。

 ## ソーシャルメディアから〈社会〉をみる

　最後にソーシャルメディアの調査研究において，勧めておきたいと思うことを付け加えたい。それは授業（ゼミ）での発表と議論である。ソーシャルメディアでの調査が力を発揮するのは，大きなテーマというよりも，中もしくは小さいテーマだろう。ソーシャルメディアでは，対面では出会うことの少ないマニアックともいえる趣味をもつ同好の士に出会ったり，あまり多くの人が注目しない小さなテーマに対する意見を集めたりすることができる。一方でそれゆえに，ソーシャルメディア内の文化を言語化し，大きな文脈の中に位置づけることはなかなか難しい。そんな時，そのソーシャルメディアの世界の外にいる，ゼミの仲間や教員の前で調査・分析結果を発表し，疑問点などを質問してもらうことで，研究内容を相対化することができるだろう。

　これまで，ソーシャルメディアという領域を設定して，そこでの調査の事例について述べてきた。ソーシャルメディアは多岐にわたっているので，ここで取り上げた以外のアプリケーションやジャンルも当然あるだろうし，分析の方法もあるだろう。また個別のソーシャルメディアを取り上げることが多かったが，実際のところは Twitter，Instagram，YouTube，食べログなどのソーシャルメディアがバラバラにあるというよりも，人（それは，例えばこれを読んでくれているあなた）が，それらすべてにつながり，巻き込まれながらも，取捨選択をしているのではないか。さらに私たちの生活はソーシャルメディアに加えて，マスメディアや対面のコミュニケーションによっても成り立っている。それらはどのように関係し，重なりあっているのだろうか。ソーシャルメディアの調査・分析は，こうしたソーシャルメディアを含んだ〈社会〉を考える起点にもなるだろう。

練習問題

　あなたが昨日と今日の2日間で触れたソーシャルメディアを，すべて書き出してみよう。それぞれのソーシャルメディアを，どのような目的でどれくらいの時間，使用したかも書いてみよう。次にその内容を5人程度のグループで発表しあい，グループでの共通性と自分のソーシャルメディア利用の特徴についてまとめてみよう。

　さらにソーシャルメディア内であなたが注目している人気者＝インフルエンサーを選び，①どんなジャンルに属していて，どのようなポジションにいるのか，②どのような投稿をしているのかを分析して，その特徴を三つ以上挙げ，③投稿へのコメントを分析して，その特徴を三つ以上挙げてください。そして，ソーシャルメディアで人気者である理由を考察してみましょう。

📖 おすすめの文献

① 松井広志・岡本健編著 2021『ソーシャルメディア・スタディーズ』北樹出版

　　ソーシャルメディアとそれによるコミュニケーションについて，社会学やメディア論の視点から書かれている。文化研究とソーシャルメディア研究を結ぶ書。

② 天野彬 2019『SNS変遷史──「いいね！」でつながる社会のゆくえ』イースト・プレス

　　パソコン通信にはじまるソーシャルメディアの変遷が述べられている。さまざまなSNSでどんな文化が生みだされたのか，具体的に説明されている点がよい。

③ 藤代裕之編著 2019『ソーシャルメディア論・改訂版──つながりを再設計する』青弓社

　　ソーシャルメディアについて，ジャーナリズム，技術，法律，広告，政治，都市，キャンペーン，情報政策，地域等のさまざまな分野のスペシャリストが論じている。

（村瀬 敬子）

Column 4 「追体験調査」のすすめ

「追体験」という方法の意義

　かつて私は，イタリア史家の日本人作家を，フィレンツェのご自宅に訪ねたことがある。あれはたしか1972（昭和47）年の晩秋の頃であった。彼女の口から矢つぎばやに飛び出す話題のおもしろさに，私はしばし圧倒されていた。内容のことごとくが知的な刺激に満ちあふれていたからである。

　わけても印象的だったのは，「コムーネ」(comune) をめぐる話題であった。中世イタリア北・中部の自治都市から伝統を受けついできた，行政区画としての自治体（市・町・村）のことである。この「コムーネ」の何たるかを知りたければ，まず，小高い丘の上の塔にのぼってあたり一帯を眺めわたしてみるのが，いちばんの早道だ。一望のもと，はるか彼方を見やると，遠方の丘の上に高い塔が見えるに違いない。そこまで歩いて行ってまた塔にのぼり，前方を見やれば，同じく別の高い塔が見えるはずである。……それらを直線でむすんだ範囲が，言ってみれば，「コムーネ」の領域の目安なのである。

　歩きながら五感をつかって観察してみると，だれしもが，歴史の名残をあちこちに実感し体感することができるのだ。なのに，日本からやってきた研究者たちは，まいにち古文書館と宿舎のあいだを往復し，ひたすら記録文書を写しとる作業に専念する。——せっかく現地を訪れていながら，もったいないではないか。その土地でしか味わえない"雰囲気"を読もうとしないのは。

　およそ彼女のお話のおかげで，現地での野外調査（フィールドワーク）の重要性を，私はあらためて思い知るところとなった。くわえて，「追体験」という方法の意義に目覚めたしだいである。

「追体験調査」の実例から

　ここで「追体験調査」の実例を，私の友人の若かりし頃の調査の事例から，2つばかり取りあげてみることにしよう。

　ひとつは，日本文学のように，主として文献資料に依存している研究分野の事例である。たとえば詩歌の研究は，それが文字で表現されて記録されている以上，図書館や書斎などおもに屋内で，文献資料を読みこむ手法が用いられるのは当然のことである。だが，詩歌の理解は，はたしてそれだけでじゅうぶんであろうか。

　私の友人は，作者が詠んだ風景のまえにみずから身を置いて，その詩歌を実際に口ずさんでみたのである。そして，従来の常識的な解釈を超えた，作者の

こころを読み解くことに成功したのだった。

　もうひとつは，考古学の論争に果敢にいどんだ文化人類学者の事例である。考古学専攻の出身だった彼は，かつて石器時代の石包丁の研究に熱中していたことがあった。三日月型のその石包丁には，穴が１つまたは２つあいている。古来，なぜこの穴があいているのかをめぐって，考古学者のあいだには論争がたえなかったのである。彼はこれまでの文献資料を読破してみたのだが，満足のいくような解答は得られないのであった。

　そこで彼は，ある日，その石包丁をもってみずから田んぼに入り，古代の農民になったつもりで，実際に稲を刈ってみたのである。そして，その穴にわらヒモを通して輪をつくり，そこに指を入れて包丁を持つと，稲刈りがいとも容易にできることを発見したのであった。

　この石包丁の事例も，さきにあげた詩歌の事例と同様に，「追体験調査」の一種であるとみなすことができる。「追体験調査」の応用範囲はかくも広く，かつ意義深いのである。

「追体験調査」のたのしみ

　私たちはおもしろい『旅行記』のたぐいを読むと，自分もそこへ行ってみたい，という気分に駆られるものである。作品を手に，作者と同じ足跡をたどる旅のたのしみも，一種の「追体験調査」と言えるであろう。

　念のために断っておけば，「追体験」という用語は，けっして目新しいものではない。すでに19世紀の末に，ドイツの哲学者ディルタイ（Dilthey, W.）によって「追体験」（Nacherleben）が用いられ，つとに指摘されてきた。すなわち，他者の経験のなかに自分の身を置いてそれらを解釈学的に理解する方法のひとつ，とされてきたのである。

　「追体験調査」の方法は，質的社会調査法のなかで，どのような位置を占めてきたのであろうか。——結論を先取りしていえば，上記のいくつかの事例からもうかがえるように，それはあくまでも，補助的な手法として活用されるにとどまっている。独立した調査方法のひとつとして位置づけられることはなかったし，おそらく，これからもないであろう。

　「追体験調査」の最大の効用は，じつは調査者じしんの"調査力"を鍛えることにある。「追体験」のたのしみを客体化しようとする試みが，調査者としての"センス"を養い，被調査者にたいする"共感力"を高めることに資するに違いない。

　　　　　　　　　　　　　　　　　　　　　　　　（井上忠司）

生活財生態学と「寝室地図」，バイオログ

「眠り小物」と「寝室地図」調査

　生活財生態学の歴史や定義に触れる前に，まず生活財生態学的アプローチに基づいて，実際に筆者が行った質的調査の事例として，「眠り小物」調査を挙げておこう。「眠り小物」とは，われわれの睡眠文化研究会において，寝床周りにある雑貨類などを総称して命名したものである（高田公理他編『睡眠文化を学ぶ人のために』世界思想社，2008）。

　「眠り小物」とはいっても，直接的に睡眠を目的にした枕や毛布だけでなく，毎晩抱きかかえて寝るヌイグルミや，寝る前に見聞きする本・音楽・テレビ，環境を整えるアロマや加湿器など，「枕元や布団周りにあって，寝（眠り）ながら五感に触れるすべての事物」を指す。小はi-pod携帯ミュージックプレイヤーから，大は人体より大きなヌイグルミまで，すべて「眠り小物」と呼ぶゆえんは，演劇モデルに由来している。すなわち，劇場の舞台で背景となる作りつけ（immobile）の装置＝「大道具」に対して，大きさの大小にかかわらず，動かせる（mobile）装置や小物類をすべて「小道具」と呼ぶのと同じく，眠りに関わるお気に入りグッズのうち，動かせる物すべてを「眠り小物 sleeping（mobile）favorites」と呼ぶのである。

　さて，この「眠り小物」調査を開始してわかったのは，他人の寝室への観察や撮影といった直接的調査がきわめて難しいこと。なおかつ，間接的なインタビュー調査によってさえ，肝心のデータが得られにくい点であった。すなわち，風呂と同様，寝室はきわめてプライベートな空間であり，公開するのに抵抗があること。もう一つは，「眠るために必要な小道具」という「眠り小物」概念が，ふだんは無意識下にあって，他人に語ろうにも，そもそも本人にとってさえ，その存在が自覚されていない点である。

　たとえば，アメリカの4コマ漫画『ピーナッツ』の登場人物を例にあげてみよう。主人公スヌーピーは閉所恐怖症のため，いつも犬小屋の内部でなく，屋根の上に寝ている。彼にとっての犬小屋の屋根は寝具であり，「眠り小物」でもある。さらに不安症気味のライナスは，「安心毛布」を一日中持ち歩いているが，おそらく本人は毛布を「眠り小物」として自覚していない。が，本来は夜に用いていた「安眠毛布」を昼用の常時携帯グッズへと転用したものであろう。

　実際，アメリカで「眠り小物」調査を行った際，インフォーマント（被験者・情報提供者）の多くは，「わが寝室に眠り小物なし」と答えた。が，許可を得て実際に寝室を訪ねると，多くの場合，枕元には聖書やコーランが置かれていた。別の寝室には護身用ピストルがあった。調査する私たちから見れば，いずれも個性的な「眠り小物」の典型であるが，寝室の主にとって，その自覚はなかったのである。こうした無意識的な「眠り小物」こそ，私たちが知りたい調査対象であるのに，観察やインタビューが届かないとなると，どうすればよいか。

図1 「寝室地図」の一例

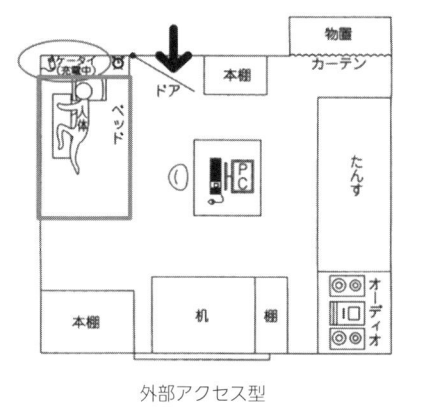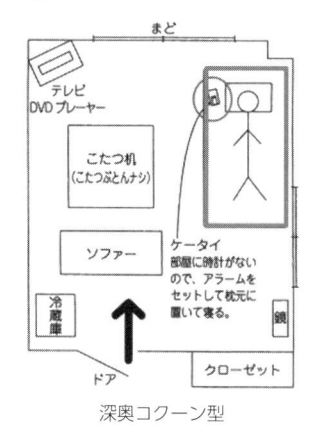

外部アクセス型　　　　　　　　　　　　深奥コクーン型

出所：藤本憲一「眠りの〈プレイ〉モデルと寝室地図」高田公理・堀忠雄・重田眞義編『睡眠文化を学ぶ人のために』世界思想社，2008，p. 65。

　実は，「眠り小物」調査を開始する前から，携帯電話・モバイル文化研究者である私の手元には偶然にも，「眠り小物」データがあらかじめ集積していた。ポケベル・腕時計・ケータイ・スマホの家屋内における所在の調査や，その発展形である生活財生態学的な家財調査によって，半ば偶然の副産物として，「眠り小物」データが得られていた。そして，「眠り小物」を知るためには，それが分布する生態環境全体を，インフォーマント本人に記述・スケッチしてもらうことになる。この「眠りの生態環境図」を，便宜的に「寝室地図」と呼んだ。

　これら「寝室地図」調査は，後述する生活財生態学の創始者，栗田・正田らの「家庭景観図」を踏襲しつつ，筆者の現代的解釈によって，「家の象徴的な中心とは何か」を調べる，「家の核スケッチ」調査（藤本憲一「'同心円モデル' に基づく家イメージの分析——'メディア環境' としての家」ファッション環境3巻2号，1993）の発展形であった。

　すなわち具体的には，家全体の間取りを描いてもらった上で，重要アイテムを，本人にとって大切な順に記入してもらう，「主観生態学」的方法である。当初は，家庭内におけるメンタルな中心，いわば「家の核」に相当するアイテムとして，テレビや食卓，ペットという回答を得ていた。ひきつづき，腕時計・ポケベル・ケータイ・スマホの家庭内における置き場所に重点を置いてスケッチしてもらったところ，常時携帯しながら持ち歩く大切な小物は，おしなべて夜も枕元に置かれる事実が判明した。「本人に愛好されている重要な事物は無意識のうちに，重要な順に，頭を中心に家屋内で同心円状に分布している」生態学的結論を得たのだ。

　「家と携帯メディアの調査」で得た知見を，そのまま「寝室地図スケッチ」調査（1998〜2010）に応用した結果，「眠り小物」の概念がインフォーマントに伝わらなくて

も，「眠り小物」の実態がもれなく記述されるようになった。

「寝室地図」調査の成果としてわかったのは，①眠り小物の種類と配置，②眠り小物を用いた就眠儀礼の実態，③寝室におけるベッド（布団）の位置や就眠姿勢（寝相），④寝室の地図デザインや描画スタイルといった，睡眠文化の諸相である。

モノ調査と生活財生態学の原点

では，そもそも生活財生態学とは何か。

生活財生態学とは，提唱者の一人，疋田正博によれば「生活財の保有・使用・配置の状況を，生態学の方法を借りて調査研究し，生活の事態を明らかにしようとする，生活学の一つの方法」である（日本生活学会編，川添登・一番ケ瀬康子監修『生活学事典』TBSブリタニカ，1999）。家を基点とした人間生活の動態を，「生活財」というモノ調査によって解明しようとする，日本発祥のユニークな質的調査の手法である。

そもそも質的調査の原点は，コトとモノの記述であり，それが現在では近代的な社会科学としての「社会学」「社会調査」のジャンルとして，位置づけられている。

第一の起源は，古来，コトを記す営みとしての歴史にある。そこから近代になって，宗教・政治・軍事史から独立する形で，生活史（民衆史・社会史）が生まれた。また，口伝えの語りや祈り，歌など声による「口承伝承」に対しては，フォークロア（民俗学）が生まれた。

第二の起源は，モノを記す営みとしての日記・日誌・博物誌にある。こうしたモノの記述は，欧米では好事家（マニア）・コレクターによるアマチュア的営みとして軽視される傾向があった。

一方，日本では明治以降も，日常的な事物のありようをつぶさに記す伝統に立ち，柳田國男（民俗学），坪井正五郎（風俗測定），今和次郎（考現学），権田保之助（民衆娯楽論）ら，優れたモノの語り部たちを輩出した。それを受けて，1975年から栗田靖之・疋田正博ら生活財生態学共同研究グループが，新しい質的調査方法論を提唱し，国内外における定性調査実績を挙げていった。

このグループの拠点が，CDI（コミュニケーションデザイン研究所）という独立系シンクタンクであった。1970年，京都で設立されて以来，初代所長・加藤秀俊，二代所長・川添登，現在の代表・疋田正博を中心に，現在に至るまで日本の質的調査におけるユニークなネットワークを形成してきた（『50年後のために——CDI創立50周年記念誌』CDI，2020）。

もともと「生活財」×「生態学」という表記は，ある意味で矛盾に満ちている。「生活財」というモノがあたかも「生命体」であり，それが家を舞台にした集団的・生態的な相互作用，すなわち競争や共生，捕食や棲み分けを営むような印象を与えるからである。ここには，1950年代に始まる思想史的バックボーンとして，梅棹忠夫「文明の生態史観（世界諸文明を動植物の分布・生態モデルから記述・分析）」や，今西錦司・伊谷純一郎「個体識別法（野生動物を群れの成員として一頭一頭命名・識別することで，群れの社会構造を解明する手法）」，さらに桑原武夫・多田道太郎らの学際的な共同研究方法論など，「京都学派」的な傾向を読み取れよう。

ビジュアルな「家庭景観」を描く

　では，栗田・疋田ら生活財生態学グループは，どのような意図で「生活財」×「生態学」と命名したのか。

　それまで，経済学・家政学における消費実態調査・家計調査の用語分類においては，家庭内のモノのうち，農漁業の道具など生産（収入）のための道具は「生業財」，それ以外は支出によって得られた「消費財」とみなされた。この分類でいえば，家庭内で生産活動を行わない商工業従事者，サービス従事者，たとえばサラリーマンの家庭にあるモノは，すべて「消費財」となる。年代物の家具・骨董・工芸・車・家電製品はもちろん，ペットですら「耐久消費財」（比較的長期間使う消費財）と分類される。生活財生態学は，直接的には，こうした消費実態調査・家計調査への代案として誕生した。

　しかし，生産拠点が家庭外にあるサラリーマンといえども，その家庭は単なる消費の場ではない。家族同士の団欒・コミュニケーション，子供の教育，余暇・趣味の享受，人生プランの策定などは，すぐれて情報「生産」活動であり，そのための道具はすべて，一種の情報「生業財」とみなせるからだ。こうして多様な「消費財」を経済学・家政学の呪縛から解放し，ニュートラルな「生活財」と再定義するところから，栗田・疋田らはスタートした。

　また一見，社会調査の文脈とは畑違いな「生態学」という自然科学用語は，既存の消費実態調査・家計調査に見られる「分類学」的傾向を，乗り越える意図で用いられた。すなわち，従来の「分類学」的調査では，家庭内にあるモノを，ともするとファーブル以前の「分類学」的生物学が昆虫を捕えて乾燥保存し，展翅標本の形で整理・分類・命名するのを至上目的としたのと同様，調査対象の整理・分類・命名と定量的集計に主眼を置いてきた。たとえば，幼児が小遣いで買った菓子のオマケも，父親が「コンプリート収集」目的で「大人買い」した食玩フィギュアも，即物的に分類すれば「玩具」という同じカテゴリーに分類される。しかし，両者の意味や生態は大きく異なるため，分類だけでは実態把握に至らない。

　それは，「分類」的に酷似した二種のアゲハチョウ成虫の外見からは，一方のナミアゲハ幼虫が柑橘系の高木の葉を食べ，もう一方のキアゲハ幼虫がセリなど下草を食べる「生態学」的認識に至らないのと同様である。標本商から買い付けた死骸を，机上で眺めて分類するだけでは，生態が見えない。まずはファーブルのように野外フィールドに出て，野生状態の昆虫をつぶさに観察し，自らの手を汚さなければ生態はわからない。

　「生態学」的調査では，あらかじめカテゴリーで分類することなく，家庭内にあるモノをすべて数え上げた上で，その分布の意味や生態を知るために，共時的・通時的に比較する。刻々と変化する個人や家庭の動態は，異なる地域・民族・文化圏，異なる時間軸・年代に属する「生活財」どうしの相似と差異を通じて初めて，その意味や生態の実相が理解できる（表1参照）。

　生活財生態学グループは，日本の一般家庭を対象に，ほぼ10年おきに三回の調査を行った。そのうち1975年に1957品目，1982年には3998品目を数え上げ，新しい定性的調査手法として，国内外に認められた。国際比較調査としては1977年，東京・ロンドン・

表1　両調査法の比較

	旧来の消費実態調査	生活財生態学調査
理論モデル	経済学・分類学モデル	自然観察・生態学モデル
調査の標本数	大量（定量的）	少数（定性的）
調査者の基本姿勢	専門家的 （術語・標本抽出の客観性）	アマチュア的 （自然愛好家的な熱心さ）
「被験者」への関与	関与・接触を極力避ける	積極的に関与・接触する
対「被験者」観	客観データの匿名の提供者	調査データを共有する対話者
データ分析手法	統計処理と数理分析	文字・写真・動画の意味読解

出所：筆者作成。

パリ・デュッセルドルフの各家庭における「生活財」を対象に，同一品目リストを用い て調査した結果，その当時の日本家庭では，欧米諸国より25％ほど多い品目を生活に用 いていることがわかった。ほぼ同時期，石毛直道によるハツァピ族（タンザニア）の調 査（『住居空間の人類学』鹿島出版会，1971）によると，その全家財は18品目にすぎなかっ たという。

　同グループは当初から，ビジュアルな定性的調査にも着手した。家屋内部のインテリ アや，モノが自然に散らばった分布状況を「家庭景観」と呼び，スケッチによる描写や， 当時珍しかったビデオカメラによる72時間連続の家庭内撮影など，先駆的な定点観測調 査を行った。

　近年，こうしたビジュアルな調査手法に似通ったアプローチが，一種「路上観察」的 な芸術行為として，すなわち家庭的な生活感からはるかに遊離し，部屋中が趣味的な服 や雑貨，情報機器であふれかえる現代日本の若者の「個室景観」を，そこに生息する若 者の息遣いや美意識ごとリアルに撮影した都築響一『TOKYO STYLE』（ちくま文庫， 2003）ほかの写真表現が，脚光を浴びている。

　また，パソコンなどメカや配線に埋もれた「電脳オタク」的な男性の居室を「魔窟 （まくつ）」と命名して撮影した，伊藤ガビン＋大高隆『魔窟ちゃん訪問』（アスペクト， 1995）および，カラフルなインテリアに囲まれて部屋着でくつろぐ女性の居室を活写し た，宮下マキ『部屋と下着』（小学館，2000）の両者を比較すると，現代日本の若者に見 る「個室景観」の性差（ジェンダー）が浮かび上がる。

　さらに，生活財生態学の国際比較調査として，画期的展開を見せたのが，朝倉敏夫・ 佐藤浩司（編）『2002年ソウルスタイル──李さん一家の素顔のくらし』（千里文化財団， 2002）である。これは国立民族学博物館において開催された企画展示の記録であるが， 究極の「生態学」的調査として，ソウル在住の平均的な韓国人・李さん一家の全面協力 を得て，ある日ある瞬間の生活断面を切り取って，冷蔵庫の中身から使いさしの歯磨き チューブまで家屋ごと現状保全する一方で，家庭内の「生活財」アイテムをすべて数え 上げ，写真に収めてカタログ化し，博物館で公開展示した稀有なドキュメントである。

図2　家庭景観図

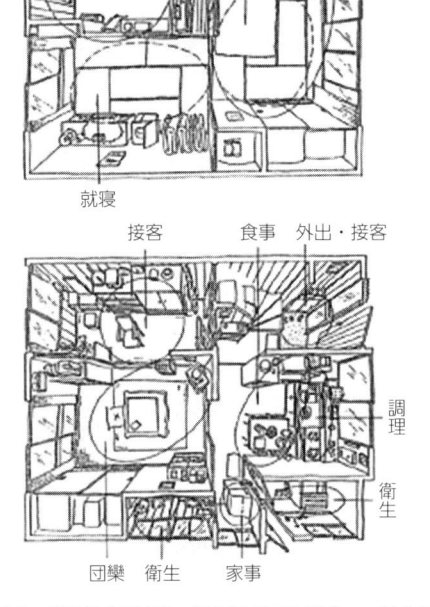

出典：商品科学研究所＋CDI『生活財生態学——現代家
庭のモノとひと』リブロポート，1980，p.31。

「主観／客観生態学」とバイオログ

　こうした極端なまでの「生態学」手法のラディカルさは，近年，自分の暮らす日常行
為すべてを，たとえばテレビ視聴した番組の記録からチューインガムを噛んだ記録に至
るまで，自らの意志ですべての生活（ライフ）をデジタル記録（ログ）としてパソコンや
スマホに保存する「ライフログ（生活日誌）」運動のラディカルさと通底している（希望
する本人に代わって，デジタル化・バックアップ化する「ライフログ」代行サービスさえある）。
他者による社会調査的な「客観生態学」手法と，本人による日記・日誌的な「主観生態
学」手法とが，期せずして出会う地点が，ここにはある。

　実はIT技術の進歩によって，本家の生物を研究対象とした自然生態学でも，こうし
た「主観生態学」手法が，脚光を浴びている。いろんな動物の頭部などに，ビデオカメ
ラ・GPS・加速度センサーなどの小型観測機器を装着した上で野生の自然環境に解き放

ち，自由にその動物本来の姿で，天敵から逃れつつ，獲物を追い，雄どうしが戦いつつ異性が出会い，子育てをするといった行動を記録し，のちに機器と記録媒体を回収することで，動物の暮らしの全貌を観察できるようになったからである。

　また「客観生態学」の手法も進化していて，自動撮影カメラ（センサーカメラ・トレイルカメラ，赤外線センサーカメラ）を，あらかじめ自然環境の中の通り道や縄張り，水場などに設置することで，それまで人が目にすることのできなかった野生動物の知られざる夜の姿や厳冬期の姿が，観察できるようになった。

　同様にして IT 技術は，人の生活もまた明るみに出しつつある。主観・客観両面から，生活財生態学の発想を，より急進的に突き進める方向に，トレンドが動いている。

　「主観」調査でいえば，「究極のライフログ」ともいえる，SNS の流行が全盛を迎えている。世界中の人々がみずから進んで，ほぼリアルタイムで日々の出会いや交流，ライフイベント，食事や遊びの記録をスマホから Twitter，Instaguram，Facebook，LINE などに公開していて，誰もが常時アクセスできる。こうした個人情報を質的・量的に解析する専用のアプリまで，出てきているほどだ。実際，こうした SNS データ解析は，専門調査企業の大きな需要を産み出し，まさに SNS メッセージのやりとりのただなかに，それぞれの個人がほしがりそうなモノを予測して，消費を喚起する「行動ターゲティング web 広告」を，くさびのように打ち込んでくる。これは個人を「消費者」としてのみ捉える分析であるが，われわれ社会学者もまた，こうした個人情報データから，生活財生態学的な調査・分析を行うことができる。

　「客観」調査でいえば，都市中に張り巡らされた監視カメラ映像や，店舗での購買履歴，GPS 移動履歴などのビッグデータが蓄積され，防犯や施策に反映されると同時に，こちらもマーケティングのターゲットとなる。悪意のある第三者に個人情報が流出すれば，犯罪を誘発しさえする。

　その意味で，現代において生活財生態学的な調査を実施する場合には，個人情報の保全には十二分に配慮しつつ，本人が公開可能と考えている「無意識」的な情報に迫れるよう，いかに調査項目を設計デザインするかが，今後の質的調査のポイントになるだろう。

（藤本 憲一）

メディア実践のアクションリサーチ——伝えてつなぐフィールドワーク

はじめに

異国の地で,「あなたもラジオ番組を担当することができますよ」と言われたらどうするか。日本, バングラデシュ, イギリスでフィールドを行なってきた一人の文化人類学者が, 思いもかけず, アメリカのコミュニティラジオ局から週に1回, 1時間の日本語番組を担当することになった。これまでのフィールドワークの経験を活かしつつ, どのような発想と方法を用いて番組を開始したのか。それから10年にわたるメディア実践から何が見えてきたのか, このコラムでは述べていきたい。

ある社会/状況/活動に関わり, 関係者や住民と協働で課題に取り組み, そこで得た情報や学んだことを, こんどはこちらから, 現場やより広い社会に問いかけていく実践的な調査研究の方法は, アクションリサーチとよばれる。調査者の立場にとどまるのではなく, 自らが社会/対象に働きかけ, 人びととの協働のなかで生ずる関係と出来事のプロセスをとらえ, 活動のさらなる展開の可能性を探る。実際の活動には, 想定外の出来事も続出する。例えば, COVID-19 の感染拡大により, この小さなコミュニティラジオ局スタジオも一時, 閉鎖された。こうした事態にどう対応するのか。さまざまなメディアを用いて, 場所と時間をこえて「伝えてつなぐ」フィールドワークの可能性についても考えていきたい。

60年代の対抗文化研究から, メディア実践へ

2010年9月, 私は1年間の在外研究の機会をえて渡米した。それまでロンドンにおける地域コミュニティの形成について調査してきた。1960年代の実験的なコミュニティ活動に関わった元活動家たちへのインタビューをとおして, ロンドンの社会運動やアンダーグラウンドなアート・メディア活動と, 同時代のアメリカとのつながりを知った。そこで, 調査対象をアメリカに広げ, 60年代の「対抗文化」のグローバルな展開について研究したいと考えた。イリノイ大学アーバナ・シャンペーン校の研究員となり, 図書館を利用して資料調査をすすめる予定であった。

イリノイ州アーバナ市にあるアーパートに入居した翌日, 近所に Urbana-Champaign Independent Media Center (UCIMC) という NPO のメディア&アート・センターを見つけた。そこでは,「誰でもメディアになれる。技術と機会を共有し表現, 発信することで社会と関わり, 変えることができる」という活動理念が掲げられていた。コミュニティラジオ局からの放送, ニューズレターの発行, Zine (自主制作冊子) ライブラリーの運営, 地元のアーティストたちによる展示やライブイベント,「メイカー」イベント, 中古自転車のリユース活動, 刑務所に本を送る運動, デモに着ていく刺激的なコスチューム制作・貸出など, ユニークな活動が行われていた。ロンドンの60年代のコミュ

ニティ活動においても，人々は，電話やポスターやニューズレターの印刷，イベント開催など，多様なメディアを創造的に活用し，地域内外の人々をつなぎ，新しい運動のうねりを生み出していったのであった。それから半世紀をへた2010年代のアメリカでは，いったいどんな「草の根のアート＆メディア活動」が行われているのか。興味をそそられ早速会員となり，いろいろな活動を見て回った。

UCIMC 内のコミュニティラジオ局 WRFU（通称，Radio Free Urbana）の関係者たちの集会を見学していた時のことである。「あなたも番組を担当できます。日本語でもいいですよ」と声をかけられた。私は，即座に，「絶対無理」だと反応し，「そもそも，英語圏で日本語番組を聴く人がいるのだろうか」と思った。イリノイ大学のキャンパスがあるアーバナ市とシャンペーン市（以下，U-C と記す）を合わせた人口は12万人あまり，日本人は400人にもみたない。大学キャンパスには，世界各地からの留学生を見かけたが，その頃の UCIMC の活動の参加者には，アジア系の人々はわずかであった。WRFU のラジオ番組には，英語とスペイン語番組しかなかった。「現実として，誰でもメディアになれるわけがない。だとしたら，コミュニティメディアは誰のためにあるのか」。そんな反発と違和感，そしてフィールドワーカーとしての関心がわいてきた。

メディアはコミュニケーションツールである

まずは，小さなラジオを買って WRFU 104.5FM を聞いてみた。このラジオ局は，住民ボランティアのみで運営され，番組が制作されている。ラジオのトークは，まるで，日本の通勤電車のなかで耳に入る日常会話のようだった。時には，くしゃみやあくびも聞こえてしまう。英語の意味を正確につかめなくても，番組の声に親しみを感じた。このラジオ局に，仮に，日本語プログラムがあるとして，リスナーの反応を想像してみた。イリノイのただ広いコーン畑の中のまっすぐな道を車で走行しながらカーラジオをつけると，聞き慣れない言語のおしゃべりが聞こえる。「え？　これって何語？」。そんな，ありえないことが起きうると思うと，少しワクワクしてきた。それから，WRFU の集会に欠かさず参加し，ラジオ局スタジオでの研修を受けてみたが，私には機材の使い方がさっぱりわからない。それでも，どんな可能性があるのかを探り始めた。この街に住む日本人の数は限られているが，日本のさまざまなポップカルチャーが大好きで日本語を学んでいる学生は多く，関連するサークル活動もある。日本語番組を始めたら，関心をもつ人も現れるだろう。オンラインで日本とつなげば，番組を一緒につくってくれる人が見つかる，かもしれない。ロンドンの60年代の活動家たちから，私が学んだことを思い出した。「メディアはコミュニケーションツールである」。

一人ひとりの声をつなぐ小さなメディアの可能性

2011年3月1日，WRFU の集会で初めて発言した。「ラジオとインターネットを組み合わせた日米をつなぐインターナショナルな日本語番組をつくりたい」。メンバーたちからは，「クール！」という声が聞こえ，企画はあっさりと承認された。別の番組担当者が，日本語はわからないが，これから始まる日本語プログラムの技術担当を申し出て

くれた。日本在住の知人2名に，オンラインビデオ通話による番組への参加を依頼し快諾をえた。番組は，毎週金曜日午後6時から7時まで，開始は4月1日と決定した。

　番組名は，Harukana Show とした。地域をこえ，海もこえて「遥か」かなたからの声をつなぐ。イリノイの長く厳しい冬の終わり，「春の香り」をお届けするように，出演者が，それぞれの場所の季節や，暮らしや人生を語る。そんな思いを込めた。番組制作の仕組みはシンプルである。ラジオ局スタジオに持参したパソコンをオンラインビデオ通話で地域内外，日本とつなぐ。あとは，他の番組と同様，スタジオ内のマイクロフォンからの声もパソコンをとおした音声もミキサーに入力され，ひとつの「会話」の音として出力され，トランスミッターへ送信される。そこで周波数を調整した音波が電波塔へ送られ，ラジオ放送が半径10kmほどの地域に届けられる。

　新番組開始にむけて走り出した時に，2011年3月11日，東日本大震災が発生した。想像を絶する深刻な被害が広がっているなかで，気楽な日本語番組を始めることはできない。一時は番組開始を中止しようと思ったが，考え直した。日常の暮らしのなかに多様な声をつなぐメディアとネットワークがあることによって，非常時においてもそのつながりが何らかの機能をはたしうる。こんな時だからこそ，自分が今いるアメリカのこの場所で，マイノリティ言語である日本語ラジオ番組を始め，小さなメディアの可能性を探りたいと考えた。

地域を拠点にしたメディアをグローバルに開く

　2011年4月1日，日米をオンラインでつないだ日本語トーク番組を開始した。ラジオ局を拠点としてスタジオにゲストを迎える一方で，インターネットを利用し地域内外をつないだのには，2つの意図があった。1つには，より多くの人々が番組に参加しやすくする。ラジオ局スタジオに来ることが難しい地域住民でも，たとえば，仕事や家事や育児，介護に忙しく，また諸事情により外出が困難な場合でも，生活の隙間時間に，スタジオを訪問せずにオンラインで番組に出演できる。もう1つは，ある地域において少数の立場にあっても，地域外の仲間と連携が可能になる。たとえば，U-Cにおいて話者人口が少なくても，海外とオンラインでつなげば日本語話者は多数いる。そして，番組を開始してから，3つめの可能性に気づいた。人が移動しながら継続的に地域の活動に参加できる。2011年9月，私は，在外研究期間を終えて日本へ帰国したが，その後も，現地メンバーと協働して，日本からオンラインで番組制作にたずさわってきた。時には，渡米しWRFUスタジオから直接に番組を制作し，時には，日本や海外での出張先からも，番組に参加してきた。特定の場所を拠点とした活動においては，人が地域内外を移動しながらも継続的に参加できる仕組みづくりは，見逃しやすいが重要なポイントである。

　「コミュニティラジオ局をグローバルに開く」という発想は，2011年当時のWRFUにおいては新しい試みだった（WRFUが番組のストリーム配信を始めたのは，その5年後の2016年であった）。だが，日米をオンラインでつないだトーク番組を制作しても，電波が届かないところでは聴取できない。そこで，番組開始と同時にHarukana Show独自の

ホームページ（http://harukanashow.org/）を開設した。番組毎の収録音源を編集して掲載し，オンライン上にデジタルアーカイブ化することで，世界中からいつでもアクセスできるようにした。ラジオ放送は音声のみであるが，番組サイトには，トークの内容を補足説明する日本語の文章と写真も掲載した。フィールドワーカーとして私は，長年，現場からの学びや人々の声をいかに記録し，共有できるかについて考えてきた。オンライン上のオープンアーカイブづくりは，その問いへの自分なりの応答であった。

調査研究とメディア実践——プロセス，ポジショナリティ，関係性

Harukana Show の番組制作は，Pre-Production（企画立案，情報収集，出演者間の連絡，調整，番組構成表作成），Production（番組放送・配信本番，記録），Post-production（収録音源編集，アーカイブ作成）という段階を，番組メンバーとゲストと協働して行う。企画から実践への段階を具体的に組み立てていくプロセスは，フィールドワークと似ている。だが，調査者と番組担当者という「立場」は異なる。U-C では，大学教員や研究者としてよりも，WRFU の番組担当者として人と会う機会が増えた。後にラジオ番組だけでなく，*Grassroots Media Zine* という自主制作の英文冊子を発行するようになると，Zine の作り手としてイベントや書店，図書館の関係者と会うこともあった。用いる媒体が異なると，自分の立場や人との出会い方も変わる。私は，文化人類学という専門によって，さまざまな現場と関わる機会をえてきたが，ラジオ番組や Zine の作り手としてのポジショナリティは私に，さらに多様な場所，領域，立場，年齢の人々と出会う機会をつくってくれた。

　また，調査研究のインタビューも，ラジオ番組のホストも，会話を全身で受けとめるという姿勢は共通している。どちらも場の雰囲気や話のリズムや息づかいや「間」を感じとり，相槌や質問をはさむタイミングをはかる。だが，ラジオ番組におけるトークが，調査インタビューと異なるのは，目に見えないオーディエンスが存在するという設定である。話者がリスナーを意識し始めると，自分の暮らしや活動やこだわりを，普段とは少し違う角度から見直し発見し，語りが生き生きとしてくる。調査者と話し手との対話とはまた違う，第三者の存在を意識した会話のダイナミズムが生まれる。メディア実践からえたこの体験をとおして，フィールドワークや教室という現場においても，「調査者とインフォーマント」や「講師と学生」の関係性やそこでの対話をどのように外へむかって開きうるのかを考えるようになった。

多文化接触のメディア空間，ずれとつながりから考える

Harukana Show は，2021年11月12日，555回を重ねた。日米在住の8名ほどが，研究，仕事，家族の転勤などにより住む場所を移動しながらも，番組制作に関わっている。ゲスト出演者は，日米を中心に数百人におよぶ。イリノイ大学の学生や教職員，番組メンバーやこれまでの出演者からの紹介，私が勤務する日本の大学の関係者や受講生，ロンドンでの調査研究をとおして知り合った人もいる。年齢，職種，立場，出演回数なども一様ではない。ゲストによっては英語での会話となり，随時に日本語に訳して内容を

リスナーに伝える。WRFU の生放送の聴取者数について知るデータはないが，Haruka-na Show サイトの各回のアーカイブへのアクセス数は，数10から2000をこえる場合もある。これまでの出演者が新たなゲストを紹介し，また数ヶ月，数年後に再出演してくれることもある。

　毎週の番組では，U-C のイベントや季節の情報を伝えるが，その他には，各国の出演者によって話題はさまざまである。「U-C において洗濯物を屋外に干さなくなったのはなぜだろう」という地元の話題もあれば，1960年代のアメリカの小学校での，核攻撃にそなえて行われた避難訓練の思い出や，大学での銃撃犯への対処法の講習などに話が及ぶこともある。JPOP ファンの米国在住の韓国人留学生と KPOP アイドルに夢中な日本人学生とのトークが盛り上がることもあれば，日系アメリカ人４世であるゲストが，祖父母から聞いた第２次世界大戦中の日系人強制収容の歴史を語り，これを米国の Black Lives Matter の運動と重ねて差別の問題として考える日本人リスナーもいる。Harukana Show のトークをとおして，特定の社会や文化の形が浮き彫りになるというよりは，むしろ，番組の会話のなかでのさまざまなズレや重なりをとおして，番組の出演者やリスナーが，自分が居る場所の特性や変わりゆく社会の一面に気づく。

　また，番組の回数を重ねるうちに連続性のあるテーマが紡ぎだされる場合もある。アメリカの高校，大学，コミュニティカレッジの教員に聞いた日本語や日本文化・社会に関する教育についての話をつないでいくと，第二次世界大戦以降の日米の政治・経済・文化的関係の変化が見えてくる。国際結婚と子育てについて，子どもの成長にともない毎年，トークを重ね，複数の言語を習得するプロセスや，日仏の給食やランチタイム，「宿題」，「飛び級」など，毎回，興味深い比較教育・文化論が日常会話のなかで展開される。DIY（Do It Yourself）カルチャーは，Harukana Show がよく扱うテーマのひとつである。Zine づくりなど，現在の DIY カルチャーをとおして，欧米やアジア各地における活動が，それぞれの場所を起点にしながらも発想が重なり同時代的な広がりのなかで展開していることを実感する。

コロナ禍の地域メディアの活動と参与観察

　日米から多くの人を巻き込んで，番組メンバーとゲストとともに，毎週の番組を自転車操業的につくり続けてきた。ところが，世界的なパンデミックにより状況が激変し，「伝えてつなぐ場」の意味を改めて考えることになった。

　2020年，アメリカでは，新型コロナウイルスの感染者数も死者数も世界最多となり，また大統領選挙が行われ，激動の年となった。イリノイ州では，３月に Stay at Home Order が発令され，UCIMC も WRFU スタジオも閉鎖された。移動も制限され，私も渡米予定をキャンセルした。コミュニティラジオ局にとってスタジオは，機材と設備がある番組制作・放送拠点であるだけでなく，人が顔を合わせる交流の場でもあり，大切な居場所である。それらが閉鎖されるという事態を受けて，WRFU では直ちに ZOOM 会議を開いた。全ての番組を，担当者がそれぞれに自宅で制作し，その収録音源を，毎週，WRFU スタッフに送ることになった。スタッフは，リモート操作で UCIMC 内の

パソコンにアクセスし，定刻に番組を放送・配信できるように設定する。各自が利用できるディバイスや回線や収録上の技術の問題の他に，これまでスタジオで行ってきた一連の作業を，複数の関係者がオンラインで連携して行う「手間」が増え，関係者間でしばしば連絡をとらざるをえなくなった。

　緊急事態下の制約がある程度，解除された後も，コロナ禍において不定期な使用となったスタジオの古い機材が故障し，電波塔の配線に不具合が生じた。オンラインで寄付を集め，なんとか新しく中古の機材を購入し，配線も修理した。資金不足は深刻な問題である。こんな状況のなかでも，WRFU の多くの番組は，Harukana Show を含め，休止せず続いている。毎月，新しい番組の希望申請も出されている。誰が聞いているかわからないような小さなメディアが，なぜ，今，求められるのだろうか。さまざまな立場の個人が声を出すこと，つながることの意味を，ラジオ局から遠く離れた場所にいるからこそ，私自身も切実に考えることになった。

　コロナ禍において国内外での行動と調査研究の継続が大きく制約されたが，興味深いことに，UCIMC や WRFU の多くの議論がオンライン上で行われ，一連の出来事を日本からも「参与観察」できた。番組担当者として，毎週，WRFU スタッフと連絡し音源を送り，放送・配信のトラブルに対処するために懸命に交渉する。オンライン会議に出席すると，パソコン画面に参加者の画像と共に名前が掲示される。Mugiko という英語では発音しにくい日本語名が関係者のあいだでもようやく認識され，他の参加者とスクリーン上で「肩を並べて」発言しやすくなった。オンライン上のコミュニケーションを重ねるなかで，ラジオ局スタジオの仕組みとそれを動かす人たちの関係をこれまで以上に知ることができた。また，他の住民組織やイリノイ大学のイベントもオンライン開催となったため，以前より頻繁に U-C と「接続」することになった。

パンデミックを生きる──同時代の異なる声

　Harukana Show は，番組開始当初からオンライン上に参加者が集まり番組をつくってきたので，緊急事態においても根本的には制作の方法に変わりはない。ただ，ローカルなイベント情報が減り，COVID-19 感染状況に関する話題が多くなった。当たり前の日常を失った時に，Harukana Show のアーカイブが，この地域の季節のサイクルや年々の変化をとらえた定点観測の記録にもなっていることに改めて気づいた。私たちは，今をいつも忘れる。ラジオの出演者の声はその時代，社会，状況のなかから発せられる。その進行形の現在を記録し続けることの意味を，後になって実感することになる。また，毎週の番組が事前収録となり，生放送の時間枠に縛られず出演者どうしがじっくりと語りあうようになった。番組での，笑いがたえることのない会話においても，コロナ禍による生活の変化やそこでの厳しい選択などについてもふれることになる。こうした状況のなかでのラジオ番組制作は，異なる場所から出演する人々の語りが，COVID-19 という現象下でつながり，パンデミックを生きる同時代の声とことばのタペストリーを協働で織り続ける営みとなっている。

　パンデミックは，グローバリゼーションの最たる現象ではあるが，しかし，COVID-

19 という言葉から想起される状況や，その場所で起きていることは一様ではない。この感染症が，それぞれの社会においてどのように展開するのかは，国家や地域の政治のあり方によって大きく異なる。パンデミックという状況において異なる場所をつないで番組をつくることによって，私たちが，決して同じではない政治，社会体制のもとに生きていることを痛感させられた。

　Harukana Show ではまた，さまざまな専門領域のゲストを招き，パンデミックについて異なる角度から話題にしてきた。イリノイ大学に所属するリスク分析の専門家に，その時々の U-C における COVID-19 感染状況や，イリノイ州政府の対応策，イリノイ大学の方針などについても平易な日本語で解説してもらった。特定の地域についての情報だけでなく，その政策の背景にあるアメリカの国家体制のあり方や危機管理の考え方，日本との違いなどを知る貴重な機会となった。番組ではまた，イリノイ大学地理学部の日本人大学院生が中心となって，「GIS（地理情報科学）シリーズ」を2019年より始めた。健康地理学やランドスケープデザインなどの専門家を招き，空間情報と暮らしの情報を重ね合わせて，リアルとバーチャルをつなぎ社会を分析しこれからについて考える。このシリーズにおいても，パンデミックを地理情報科学という視点からとらえる企画を展開してきた。危機的状況においてこそ，調査研究の内容や方法論を，人々の暮らしのなかで分かりやすく伝え，ともに考えることが大切だと出演者一人ひとりが番組で伝えてくれた。

　アメリカの地方都市にあるコミュニティラジオ局の集会で，「あなたもラジオ番組を担当できます」と明るく声をかけられ戸惑いながらも，日本語ラジオ番組を開始してからはや10年以上になる。その間，情報通信技術が発達し，より多くの人々が，いつでも大量の情報に接し学び，自分の暮らしのなかで利用できるようになった。私たちの暮らしはいまや，直接に顔を合わせる関係のみならずさまざまな媒体を利用して，他者と関わり，人と人が出会う場をつくりだすことができる。そこから展開する関係や出来事は，対面であれオンライン上であれ，広い意味で，私たちが存在する世界の一部であり，フィールドワークの現場である。

（西川 麦子）

Column 5　フィールドとの「別れ」

　大学院生になって，本格的にフィールドワークを学ぶことになった。講義を受け，実習に出かけたり，教科書を読んだりするなかで，フィールドへの「入り方」や人との「出会い方」が重要だと教えられた。調査者は，多くの場合「よそ者」としてフィールドに向き合う。きちんとした手続きを経ることなく写真を撮ったり話を聞いたりしていたら，程度の差こそあれ，警戒されても不思議なことではないだろう。フィールドワークは，現場にいる人びととの緊張関係を解くことからはじめなければならない。

　だから，私たちは，まず「ラポール（信頼関係）」の形成をめぐる議論について学ぶ。また，カメラやボイスレコーダーなど，記録のための機材を利用する際に注意するように言われる。調査者は，記録用の機材を手にすることで「調査者らしさ」を際立たせることになるが，知らず知らずのうちに，自分が特権的な立場にいるかのように錯覚し，ときには高圧的・暴力的にふるまってしまうことがあるからだ。（身分を示す）腕章やネームタグは，特定の場所へのアクセスが許されている証だが，自分の都合だけでふるまっていいという話ではない。私たちは，フィールドワークと称して，さほど自覚のないまま「迷惑行為」を続けているのではないだろうか。宮本常一・安渓遊地『調査されるという迷惑——フィールドに出かける前に読んでおく本』（2008年，みずのわ出版）を読んで，ひとしきり反省したことがある。私自身，いまではフィールドワークを教える立場になったが，結局のところ，質的調査においては，人間関係やコミュニケーションについて繊細な意識や態度を持つことこそが，なにより大切だと考えるようになった。

　近年，フィールドワーカーと現場とのかかわり方が変容しつつある。加藤文俊『キャンプ論——あたらしいフィールドワーク』（2009年，慶應義塾大学出版会）では，フィールドワーカーと現場の人びととの関係性について「これまで」と「これから」の対比を試みた。じつは，〈調査者—被調査者〉という関係性が明快であれば，調査における人間関係やコミュニケーションについて，さほど心配することはない。何らかの課題を前提に調査を実施し，あらかじめ決められていた目的を達成すれば，「調査者」の役目は終わるからだ。もちろん信頼関係は築かなければならないが，「調査者」と「被調査者」が何らかの契約関係で結ばれているので，「区切り」をつけやすいのだ。

　いっぽう，ここ10年ほど私自身が関心を寄せて実践を試みているのが，「関与者」としてのフィールドワークである。これは，〈調査者—被調査者〉とい

う関係性を再構成し，フィールドワーカーと現場の人びとが共に考え，活動することを志向するものである。際立つのは（問題解決ではなく）関係性の変革や課題発見であり，探索的なアプローチをとおして，現状の理解や仮説の生成を試みることが強調される。当然のことながらラポールの形成がおこなわれ，場合によっては，強い感情的なつながりも培われるかもしれない。そうした状況に関連して，フィールドワークの講義や教科書では，「オーバーラポール」に注意するように教わった。「オーバーラポール」とは，文字どおり過度な信頼関係のことを指す。調査対象者と一体感をもって調査をすすめるのは悪いことではないが，感情的なつながりが強くなりすぎるのも困る。

とはいえ，「調査されるという迷惑」を避けるために気を遣い，関係を築くことばかり考えてしまうのは，あまりにもナイーヴすぎるだろう。私たちは，相手を尊重しながらも，人それぞれの考え方や物事に対する態度のちがいを熟知し，理論的な動機も批判精神も忘れることなくフィールドワークやインタビューを遂行しなければならない。そして，社会調査であるからには「公共性の原則」にもとづいて，成果を広く世に問うことも必要だ。

「関与者」という立場を意識しながら調査をすすめると，人間関係やコミュニケーションへの感度がますます重要であることに気づく。というのも，「よそ者」としてフィールドに赴き，わかりやすい契約関係を想定せずに知り合い，やがては損得勘定抜きのつき合いにまで，関係を育てていかなければならないからだ。ときには，感情が大きく揺さぶられる場面にも遭遇する。だがじつは，「関与者」となって，もう一歩深くフィールドに居場所を求めることによって得られる体験にこそ，質的調査の面白さと難しさがある。

なにより，フィールドワークが感情に充ちてくると，現場は，いままで以上にくっきりとした輪郭で描かれるようになる。それは，人間関係やコミュニケーションの深まりとともに，個別具体的なエピソードに接近できるからである。いっぽう，すでに述べたとおり，調査協力者とのあいだに仲間や同士のようなつながりが培われると，調査そのものの到達点が曖昧になる可能性がある。たとえば，現場に深く関与すればするほど，別れは辛くなるのだ。親密さは，活き活きとしたデータを得るきっかけになるが，調査の行程を複雑にする。

そう思ってふり返ってみると，これまでに，フィールドからの「出方」や，人との「別れ方」にかんする議論が，ほとんどなかったことに気づく。フィールドとの「別れ」に，どのように向き合ってゆくのか。もし私たちが，「調査者」という立場を放棄し，「関与者」としての居場所を求めるのであれば，「別れ」の問題について，あらためて考える必要がありそうだ。

（加藤 文俊）

III 質的調査の まとめ方

質的調査と調査倫理

社会的行為としての社会調査

① 社会調査の倫理とは

　調査する側もされる側も，広い意味で同じ社会の一員である。したがって，量的調査であれ質的調査であれ，社会調査には，それが社会的行為である以上守らなければならない規範がある。注意すべきこと，気にかけること，やってはいけないこと，しなくてはいけないこと，などなど。これらを一般に「調査倫理」といっており，社会調査の理論や技法以上に大事なことである。社会調査の実施も調査結果の発表も，社会のなかで行われる相互行為であるから，当然その社会の法やルール，規範やマナーは守らなければならない。だれであっても個人の人権を侵害することはあってはならないし，害を及ぼすこともあってはならない。「調査をしている」ということで，調査者が社会のなかで特権的な位置になることはあり得ないし，そう思ったとすればそれは錯覚である。

　調査「倫理」というとなにやら難しい感じがするが，その内容と理由を考えれば，実はあたりまえのことをいっているにすぎないことに気づくはずである。ところが，実際に調査に入り込むとついつい忘れてしまったり，気を抜いてしまったりすることが，重大な問題につながることもある。あたりまえのことだからといって決して適当にやりすごしてはいけないということを，ここであらためて確認しておこう。

　一例として，「社会調査士」と「専門社会調査士」を認定する一般社団法人社会調査協会が策定した全9条からなる「倫理規程」がある。規程は会員向けのものだが，文中の「会員」を「調査者」と読み替えるといいだろう。ここに記述されていることは，専門資格を有する人のみならず，広く社会調査を行う人が遵守すべき倫理要領ともいえるもので，調査の信頼性や社会的責任，調

査協力者との関係，説明責任やプライバシーの保護，差別の禁止，調査記録の管理などについて述べられている。調査に関する同様の倫理規程は，国内外の様々な学会等で策定されており，調査を行う人が当然遵守するものとして共有されている。また所属する大学等に倫理委員会が設けられていることも多い。この場合は具体的な手続きが定められているので確認をしておこう。

<社会調査協会倫理規程（抜粋）>
第1条　社会調査は，常に科学的な手続きにのっとり，客観的に実施されなければならない。会員は，絶えず調査技術や作業の水準の向上に努めなければならない。

第2条　社会調査は，実施する国々の国内法規及び国際的諸法規を遵守して実施されなければならない。会員は，故意，不注意にかかわらず社会調査に対する社会の信頼を損なうようないかなる行為もしてはならない。

第3条　調査対象者の協力は，自由意志によるものでなければならない。会員は，調査対象者に協力を求める際，この点について誤解を招くようなことがあってはならない。

第4条　会員は，調査対象者から求められた場合，調査データの提供先と使用目的を知らせなければならない。会員は，当初の調査目的の趣旨に合致した2次分析や社会調査のアーカイブ・データとして利用される場合および教育研究機関で教育的な目的で利用される場合を除いて，調査データが当該社会調査以外の目的には使用されないことを保証しなければならない。

第5条　会員は，調査対象者のプライバシーの保護を最大限尊重し，調査対象者との信頼関係の構築・維持に努めなければならない。社会調査に協力したことによって調査対象者が不利益を被ることがないよう，適切な予防策を講じなければならない。

第6条　会員は，調査対象者をその性別・年齢・出自・人種・エスニシティ・障害の有無などによって差別的に取り扱ってはならない。調査票や報告書などに差別的な表現が含まれないよう注意しなければならない。会員は，調査の過程において，調査対象者および調査員を不快にするような性的な言動や行動がなされないよう十分配慮しなければならない。

第7条　調査対象者が年少者である場合には，会員は特にその人権について配慮しなければならない。調査対象者が満15歳以下である場合には，まず保護者もしくは学校長などの責任ある成人の承諾を得なければならない。

第8条　会員は，記録機材を用いる場合には，原則として調査対象者に調査の前または後に，調査の目的および記録機材を使用することを知らせなければな

らない。調査対象者から要請があった場合には，当該部分の記録を破棄または削除しなければならない。

第9条　会員は，調査記録を安全に管理しなければならない。とくに調査票原票・標本リスト・記録媒体は厳重に管理しなければならない。

（出典：一般社団法人社会調査協会倫理規程，同ホームページより引用）

② 調査協力者との関係

(1) 調査する＝他者と関わる

どのような社会調査であっても，その準備から発表までの中で生じる社会的影響を考えて行動する必要がある。質的調査の場合には，インタビュー法や観察法など，調査協力者と直接対面したり，その個人的な情報をそのまま扱ったりすることが多いという点で，とくに細心の注意が必要であろう。ここで求められるのは，「少なくとも，自分が逆の立場であったら」というまなざしと想像力であり，「たとえ自分ならよいと思っていても，そうは思わない人が社会には大勢いる」という自分とは異なる他者への理解である。調査には，必ず調査対象がある。その調査対象は，直接話を聞く調査協力者であろうが，資料に記載されている人であろうが，直接・間接的に「他者」である。他者について知ろうとしている調査が，その他者への配慮がないようでは，そもそもその調査は失格だということになる。

たとえば，インタビュー法においては，どのように調査への協力依頼をすればよいだろうか。少なくとも，いきなりメールを送って，自己紹介もそこそこに，「ちょっと話を聞かせて下さい」は御法度だ。自分が何者で，調査の目的や趣旨がどのようなもので，調査結果がどのように用いられ，また個人情報がどのように扱われるのかについて書かれたもの（調査企画書や調査趣意書）を作成し，それを事前に依頼状とともにお渡ししたり，説明したうえで協力の依頼を行い，納得のもとで合意に達する必要がある。こうしたプロセスをインフォームド・コンセントという。

あるいは，観察法においても，街中を観察している際に，行き交う人のなか

から何をしているのかを尋ねられることもあるかもしれない。その場合でも，「なんでもありませんっ！」とピューッと逃げ出すのではなく，自分の立場や何を行っているのかを丁寧に説明できなければならない（そうでなければ不審者と間違われてしまうだろう）。また，観察した記録は分析の根拠となるものだから，こうしたデータを改ざんしたりねつ造したりすることは論外だ。何か問題が生じた際に，そのデータに戻れるよう適切な保管や，個人情報が含まれるような場合は，それが漏洩しないよう厳格な管理の方法も考える必要がある。

　調査への協力は，調査の趣旨はもちろん，データの管理やどのように発表されるかなどを理解・納得して頂いたうえで，「それなら協力しましょう」という自発的なものでなければならない。調査とはいえ，調査協力者と調査者の人間関係，社会関係の構築なのだから，すべての社会的ルールが優先するし，そこには当然感情もある。何をどのように説明し，どのように関係を構築していけば，安心して協力してもらえるかを考えることは，調査手法の習得以上に重要なことである。

⑵　社会的行為としての調査

　もちろん，こうしたひとつひとつの手順を踏むことができない調査もあるし，そもそも質的調査のなかにはそうした可能性が考えられるものが少なくない。たとえば，大勢の人が行き交う街中の観察を行ったり，あるいはインターネット上の言語表現やサイトのデザイン，掲示板への書き込みを分析したいと考えたりすることもあり得るだろう。いずれの場合でも，そこに含まれる当事者すべてに直接協力を依頼することは困難であり，またそこに含まれる人も自分が調査の対象であることすらわからないようなケースである。ましてや過去に生きた人について書かれたものを分析する場合には，その当人と会話をすることすらできない。こうした場合は，調査をしてはいけないのではなく，調査されること，あるいはその結果が公表されることで誰にどのような迷惑がかかり，どのような被害が起こり得るかをまず考えてみるとよい。

　街中に行き交う人びとの服装を観察すること自体は，それぞれの人が不快な思いを抱くことにはならないかもしれない。あるいはさまざまな住宅がある街並みの記録を取ることもそうだろう。しかし，その調査結果を個々人が判別で

きるような表現の仕方で公表されるとなると話は違ってくる。これらは，調査そのものが直接誰かの不利益にはならないが，公表の仕方によってはそれを不快に感じたり，プライバシーを侵害されたと感じたりする場合があるという例である。こうした場合には，データ収集や分析の方法，表現の方法などを工夫することで調査が可能な場合もあるだろう。逆にいえば，たとえ調査の場面で問題がないと判断できたとしても，その公表の仕方によっては，特定の個人をつらい立場にたたせることになったり，さらには社会全体に対して悪い影響を及ぼしたりすることがあり得るのである。

　このように，社会調査は，調査を開始する段階で調査倫理について熟慮することはもちろん，調査の過程，そして調査結果の公表に至るまで，その全プロセスに渡って社会的責任があるということを理解しておきたい。

③　質的調査の実践の前に

　日本各地のフィールドワークを続けた民俗学者の宮本常一は，くりかえし同じことを問い詰められるようにして行われた調査の例や，自分の理論の裏付けのためだけに都合のいい調査をする例，「調査をしてやる」という意識で行われる調査の例，調査のコストを相手に負担させようとする例などを挙げながら，「とにかく，このような思いあがりのなかに，調査と名付けられた行為のいやらしさを見ることは少なくない」と述べた（「調査地被害——される側のさまざまな迷惑」『朝日講座　探検と冒険7』朝日新聞社，1972）。社会調査という行為が，調査対象やその関係者，調査地，さらには社会全体に対し，実に多くの迷惑をかけているかについて，調査者はもっと自覚的になる必要がある。

　もちろん，ある調査結果が社会の常識を覆したり，誰かにとって都合の悪いことを暴くことになるかもしれない。それがきちんと行われた調査によって得られた知見なのであれば，それは社会調査のなすべき仕事であろう。しかし，こうしたことと，相互行為としての社会調査が，その関係において「不当に」人を傷つけることとは違う。

　インタビュー法においては，約束の時間に来ないことや不用意に実名をあげられて傷つくこと，観察法では，行き交う人の邪魔になったり容赦なくカメラ

を向けること，資料分析では，他者の権利（著作権）を侵害したりそもそも借りた資料を返さないこと。さらには，語ったこととまったく異なる内容が発表されたり調査に協力したにもかかわらず結果の報告がないことなど，挙げればキリがないが，実は社会調査にうんざりしている人は少なくない。むしろ，学問の向上のために"よいこと"として行われていたはずの調査が，迷惑なこと，悪しきことになりつつあるといってもいいすぎではない。今日，私たちは，その前提の上で調査を行おうとしているのである。こうした状況を生み出し得るのはひとつひとつの調査の実践の中身であり，また同時に，これから私たちの行う調査がこうした状況を良くも悪くもするだろう。

くり返し述べてきたように，プライバシーへ配慮し個人情報を保護すること，著作権への侵害がないこと，誰かを不当に傷つけたり迷惑にならないようにすること，記録データを改ざんしたりねつ造したりしないことなど，社会調査を実践するうえでは実に多くのことに気を配らなくてはならない。これらのことは大切だ。しかしだからといって，臆することなく，むしろこれらのことにきちんと気を配れる社会調査をぜひ実践したい。

そしてもうひとつ，そうした社会調査の実践の前に誰もができる最大の責務がある。それは，調査の前に，これまでにさまざまに行われてきた先行調査から学ぶことである。自分がこれから行おうとしている調査は，もしかすると過去の誰かが行っているかもしれない。あるいは，自分が行おうとしている調査では見落とされていることがあるかもしれない。関連する調査を調べ，そこから学ぶことで，もしかすると調査そのものを行わずに知りたいことや考えたいことは十分にわかるのかもしれない。もちろん，みずから実践する調査自体の価値はたしかにある。しかし，そのような吟味をよく行ったうえで実施される調査は，きっと貴重なオリジナルの内容を含み，その次に行われる調査にとっても価値のあるものとなる。

 練習問題

まず，学会や大学などが定める研究や調査に関する「倫理規程」を探してみよう。その中からひとつを選び（1で紹介した「倫理規程」でもよい），そこで定

められている各条項が,「なぜ, そのようなきまりとなっているのか」につい
て, その背景や理由をそれぞれ考えてみよう。個人でレポートにまとめてもい
いし, グループでディスカッションをしてもいいだろう。

　次に, 自分や他者の実際の調査計画をとりあげ, 上の倫理規程に抵触する可
能性がある場合や, 調査倫理の観点から調査可能か判断の迷う項目をリストア
ップし, どのような点が問題となるか, またその場合どのように対処すること
で信頼性の高い調査となるかを具体的に考えてみよう。

（宮垣　元）

第13章

質的調査の表現とふりかえり

⤷ 調査の「終わり方」の重要性

① 「調査しっぱなし」の罪

(1) どのように調査を終えるか

　第12章で，社会調査は相手のある社会的行為，すなわち相互行為であると述べた。とりわけ質的調査は，直接他者と関わったり，他者の情報をそのままの形で扱うことも少なくない。インタビュー法や観察法はもちろんだが，資料分析においてもその資料（映像やテキスト）の作者や，あるいは資料の所有者がいるに違いない。直接・間接に他者と関わる相互行為である以上，社会調査は「やりっぱなし」ではなく，何らかの形でその結果をフィードバックすることが求められるだろう。

　どのような調査であっても，完全に独力で成し遂げられることはほとんどなく，多くの協力や理解を得て行われている。そして，もし自分が調査の協力者であったならばと考えてみよう。その調査が結局どうなったのか気になるのではないだろうか。そうした気持ちに応えることが大事だし，何より，結果を発表することは社会調査を行った人の責務であるともいえる。構想や企画が「調査の始め方」であるならば，発表は「調査の終わり方」だ。"終わりよければすべてよし"とはいいすぎかもしれないが，"立つ鳥跡を濁す"ようでは，どんなにおもしろい調査内容でもその社会的評価は低くなる。

　社会調査におけるフィードバックの王道は，その調査結果の報告だ。調査した内容を何らかの表現方法でまとめ，他者に伝えられる形式にすることで，その調査ははじめてひとつの区切りをむかえることになる。分析内容の価値はもちろん，調査対象者や協力者にとっては，自分の協力した調査がどのようにま

とまったかを知ることになるし，そのテーマに関心をもつ読み手にとっては，そこで分析された内容から新たなことを知り，触発され，さらに新しい疑問や深いテーマへと歩みを進める貴重な機会となるだろう。逆からいえば，報告のない調査，「やりっぱなし」の調査のままでは，調査を終えたことにはならないといってもいいくらい，とても重要なステップなのである。

⑵　さまざまなフィードバック

　調査の報告の方法はさまざまにある。まず学生の立場からみて一般的なのは，普段の授業やゼミナールでの口頭発表だろうし，それらはレポートやゼミ論文，卒業論文などの形でまとめられるだろう。その際には，いつ，どのような方法で，誰に対して行ったかなどをまとめた「調査概要」や，得られた調査結果，分析や考察などを記述することになる。あるいはその途中経過を報告することもあるだろう。これらも，書きっぱなし・出しっぱなしにせず，ずっと残るものだという意識をもちたいところだ。調査協力者がいる場合には，調査のお礼の気持ちを伝えるとともに，完成したレポートや論文をお渡しするというのもひとつのお返しのかたちである。

　また，個人ではなくグループで行う調査など，規模の大きな調査になってくると，レポートや論文以外に，調査全体の成果をひとまとまりにした「調査報告書」を作成する場合も少なくない。レポートや論文と同じく調査協力者にお渡しし，また関係者・関係機関に送付することもある。

　調査の報告は，以上のような活字媒体以外にも考えられる。たとえば，調査結果に関する報告会を行うこともあるし，論文や報告書についてはインターネットを通じて広く公開することが一般的である。あるいはまた，調査結果を映像作品などとしてまとめることも可能だろう。映像や画像を多用することの多い質的調査ならではの表現方法だといえる。さらには，調査によって関係が生まれた「現場」に関わり続けることもあるかもしれない。自分がまさに当事者となって観察を行う参与観察はもちろんだが，アクションリサーチのように，地域活動やボランティア活動のインタビュー調査を行い，やがて自分がその担い手になることや，映像や文学の作品世界の調査から今度は自分が作り手となることもあるかもしれない。

また，ここで考えておきたいことは，どのような形式であれ「調査結果を発表する」ということが，調査への協力者はもとより，社会に対しどのような影響を及ぼすかという点である。第12章でも述べたように，その発表を通じて調査協力者に害が及ぶことがあってはならないし，社会的な差別を再生産するようなこともあってはならない。発表やその表現においても調査倫理が問われるということを忘れないようにしたい。

② レポートの作法

　学生にとって社会調査の発表の最も一般的な形態はレポートの作成とそのプレゼンテーションではないだろうか。卒業論文やゼミナールでの発表などがそれにあたるだろう。ここでは，レポートや論文を作成する際の注意点について簡単にみておこう。

　一通りの調査が終わり，そこで得られたデータや情報，あるいはその過程で考えたことなどがまとまってきたら，レポートや論文としてまとめる段階に入る。この段階では，まず全体の構成を考えることからはじめるといいだろう。

　社会学において，社会調査を含むレポートや論文，報告書では，一般的に以下の枠内に示すような項目を含んでいる（この内容は，筆者も作成にかかわったオンラインコンテンツ「社会調査工房オンライン」（甲南大学文学部社会学科）をもとに作成している）。レポート・論文の構成もこの構成に沿うことがわかりやすいが，必ずしもこれにしたがわなくてはならないということではもちろんない。ただし，「形式」にもそれなりの意味がある。"芸に溺れる"ことのないよう，自分の議論を説得的・魅力的に行うにはどのような構成が相応しいか考えたい。どんなレポート・論文にも「読み手」がいるのだから。

◆レポート・論文の構成要素の例
① タイトル
　レポート・論文の顔であり，これから述べられる内容の本質を示す言葉である。本文の内容や主張したいことを最も端的に表すタイトルを考えたい。「〜について」「〜に関する一考察」というつけ方でもダメではないが，だいたい，どんなレポー

ト・論文でも何かに「ついて」書かれ，何かに「関する一考察」が行われているの
だから，副題なども効果的に活用しながら内容を端的に示す魅力的なタイトルを考
えたい。最後の最後まで悩むことも少なくないだろう。章も節のタイトルも同様。

② 背景・問題意識

　このレポート・論文は何について論じようとしており，なぜこのテーマや問題を
取り上げるのかについて述べる。このテーマを論じることがどのような意味や意義
をもつのかや，同種の調査や研究が過去にどのような内容で行われており，それら
とこの調査はどこが異なる点なのか，などについて述べたい。個人的な動機から始
まってもいいが，それが読み手にとってどのような意味をもつのかについて説明が
なければ，読者は壮大な個人的趣味につきあわされることになってしまう。

③ 目的・調査概要

　論文の目的に沿って，その目的を達成するためにどのような調査を行うのかを説
明する。厳密にいえば論文の目的と調査の目的はイコールではないから，何を目的
にどこまでを明らかにしようと考えて調査を行うのか，調査の詳細な概要（対象や
場所，日付，方法など）について説明する。これらは，どのような制約のもとに調
査が行われたのかを示すことでもあり，調査で得られたデータや調査内容に多くの
意味を与える重要な情報となる。

④ 調査結果と分析

　目的を達成するために実際の分析を行う本論となる箇所。量的調査の場合は分析
結果とその解釈を分けることが容易だが，質的調査の場合必ずしもそうではない。
記述の仕方はそれぞれの調査法によって異なるが，本書第Ⅱ部各章での説明が参考
になるだろう。重要なことは，観察されたり得られた事実的データと，筆者の感想
や分析，解釈を明確に分けながら記述をすることである（ただし，それらが渾然一
体となりながら，生き生きと内容を伝える面白い調査ももちろんある）。これを混
同して書かれている論文は，筆者の思い込みや強引な解釈があるのではないかとい
う疑念を生む場合もある。

　また，調査した内容をすべて漏らさず記載することは難しいから，その記述の方
法にも工夫が必要である。たとえば，インタビュー調査ですべての内容をそのまま
記載するのはむずかしい。こうしたデータは論文の最後にわかりやすいかたちで付
録としてつけるといいだろう。

⑤ 結論

　論文の目的に照らして，調査結果からどのような結論が導き出せるかを述べる。
もっとも，実際に調査を行ってみると，当初の想定とは方向性が異なったり，新し
い発見がある場合も少なくない。そのような場合，もう一度目的に立ち返って構成

を考え直したり，そうした変化の過程自体や理由を記述したりすることもある。重要なことは，これまでに行った調査結果の分析から結論を導くことである。まったく分析されていない，あるいは分析から導かれようのない結論は，たんなるその場の思い付き（論理の飛躍）の場合が多い。

⑥ 参考文献・付録（参考資料）・謝辞

　論文を書くにあたり参考にしたり引用した資料や文献は，参考文献リストとしてつけなければならない。また，分析のなかで紹介しきれなかったり，膨大な量のため本文中に記述することが難しいデータや資料などは付録としてつける。そして，実際の調査で協力を得た方々などへの謝辞も忘れずに書いておきたい。

③ ふりかえり，発表することの重要性

(1) プレゼンテーションを行う

　調査の企画段階，調査の途中，そして調査を終えレポートや論文としてまとめた段階で，それぞれその内容を口頭で発表することも少なくないだろう。企画や調査結果の内容を複数の人に対して説明するプレゼンテーションがレポート・論文と異なるのは，レポートが「読み手」に対してのものであるのに対して，プレゼンテーションは「聴き手」に対するものだというあたりまえの事実である。読むと聴くとは大違いで，プレゼンテーションは聴いて理解できるように，視覚や聴覚にも訴えかけていかなければならないから，大変だが工夫のしどころでもある。少なくとも，レポートや論文など，書かれた文章をそのまま一字一句読みあげるだけではプレゼンテーションにはならない。

　プレゼンテーションで伝えるべきことは先に述べた論文の構成要素と基本的には変わらない。ただし，質的調査では，さまざまな画像や映像，音声，資料など，調査の過程で文字以外のデータを収集している場合も少なくないだろう。調査内容を伝えるにあたり，こうした視覚や聴覚に訴えるものを活用することで臨場感のあるプレゼンテーションを行うことができる。パソコンとプレゼンテーションソフトを用いて発表を行うことが一般的になっている今日では，こうした素材を活用することも格段に容易になっている。また，画像や映像，音

声を扱うという点をいかせば，調査結果をひとつの映像作品としてまとめることも可能かもしれない。

⑵　ふりかえり，次へつなぐ

　レポートや論文，そしてプレゼンテーションなどにおいて，調査結果をまとめ，伝えるという作業は，自分が行ってきた調査を振り返り，その知見や主張とともに，抱える問題点や課題を見つめ直すことでもある。調査の手続きに問題はなかったか，得られたデータや資料は当初明らかにしようと考えていたことに資するのか，自分が行った以外の分析や解釈の可能性はないか，分析から結論へ導くにあたり論理的なおかしさはないか，調査内容を発表することが誰かを傷つけたり，誰かの権利を侵害したりしないかなど，確認すべきことは少なくない。おまけに，残念ながら，どんなに丁寧に行われた調査でも，誰からみても完璧な調査となることは本当に稀である。どんなに経験の豊富な研究者でも失敗することはあり，そうした失敗や問題点，課題をそのままにしないことが大事なのである。こうしたふりかえりもまた，調査という行為の一部なのだと理解したい。

　もちろん楽しいこともある。レポートやプレゼンテーションにより調査結果を広く発表することは，その内容を自分以外の人と共有することでもある。それは，自らの調査をみつめ直すことだけでなく，さまざまな人と共有することで，調査の課題や問題点のみならず，その意義や異なる解釈の可能性，新しいテーマへの糸口を見出すことにつながるだろう。さらには，あなたが分析・解釈した調査結果が，将来において大変重要な記録となることも大いにあり得るのである。

　このように，調査の結果を発表，報告するということは，調査への協力へのフィードバックや調査を評価する機会という側面だけでなく，新しい調査テーマへつなぐための重要な架け橋だという側面がある。「調査の終わり方」は，こうして「調査の始め方」にふたたびつながっている。

④ 練習問題 〜〜〜〜〜〜〜〜〜〜〜〜〜〜〜〜〜〜〜

　自分の行った調査の一連のプロセスをふりかえり，うまくできた点に加え反省点や課題を挙げ，なぜそうした反省点や課題が生じたのかについてそれぞれの要因をまとめよう。

　次に，ペアかグループとなって，他の人の行った調査についても同様に，評価できる点や課題と思われる点を出し合ってみよう。調査設計などの事前準備，協力者とのかかわり，記録，まとめと発表方法，フィードバックなど，チェックすべき項目を決め表にまとめるとよいだろう。

　そのうえで，かりに次回「同じテーマ」で調査を行うとした場合の具体的な調査企画を改めて考えてみよう。また，自分や他の人の調査を踏まえ，「次のテーマ」としてどのような調査が考えられるか，自由に意見を出し合おう。

（宮垣　元）

あとがき

　この本は，「一般社団法人　社会調査協会」の「社会調査士」資格取得科目の「F 科目」（質的な調査と分析の方法に関する科目）に対応しています。それだけでなく，ゼミや卒論用にも，また，サブタイトルが示すように，「都市」「文化」「メディア」を学ぶさいの手引きとしても使ってもらえればうれしく思います。以下に，この本ができるまでの経緯や私たちの思いなどを簡単に書きたいと思います。

　2008年初夏のある日，私たちは，それぞれが行っている調査系授業の情報交換・意見交換をしていました。いつしか話は「質的調査法のいいテキストや副読本があればいいな」というぐあいになっていったので，はじめはほんの軽い気持ちで，「もし自分が学生だったら，この方法はこの先生に教えてもらいたい」「この方法はこの先生に」といいながら，本の目次を作ってみることにしました。

　夢みたいな話であり，夢でおわっても不思議ではなかったのですが，あまりにその計画が魅力的だったので，思い切って書籍化の計画をたてました。そして半ば恐る恐る(?)，先生方に執筆のお願いをしてみましたら……，驚くことに，すべての方から「OK」の返事をいただきました。その時のうれしさは十数年たった今でも忘れていません。

　ところで，社会調査の源流を辿れば1920～30年代のシカゴ大学社会学部に行きつくでしょう。当時，シカゴ大学で指導的立場にあった R. パークは，学生に対して「君たちは，これまで何度か，『図書館に行って本を漁って山のようなメモをとり，からだいっぱいに埃をつけてくるように』といわれてきただろう。でももう一つどうしても必要なものがあるんだ。それは自分の目で見ることだよ。街に出ていってズボンの尻を『実際の』そして『本当の』調査で汚してみなさい」といったそうです。私たちは，今のみなさんと同じくらいの年齢

のときにこの言葉を知り，感銘を受けました。また，私たちがそれぞれ別のか
たちでお世話になったある先生は，その著書のあとがきで「自分自身をふくま
ぬような一般論は，自分だけしかふくまぬような一般論と同様に，わたしには
いつも無縁の存在である」と書いています。社会調査について語った言葉では
ありませんが，私たちはこの言葉に，自分と社会とをつなぐものとしての社会
調査の意義を感じ，深くうなずきました。このふたつの言葉を大切にしながら，
私たちは編集作業を進めました。

　この第3版の改訂は，法律文化社の八木達也さんからの心強いご尽力により
実現しました。そして，学生のみなさんからは講義やゼミにおいて，日常的に，
本書の生命線でもある「今の若者のリアリティ」を教えてもらっています。私
たちにとって最も重要なインフォーマント（情報提供者）であるみなさんのお
かげで，この本ができあがりました。深く感謝しています。

　2021年12月

編　者

人名索引

事項索引

◎ 各章・質的調査の広がり執筆者（＊は編者，執筆順）

＊寺岡　伸悟　　　　　　　　　　　　　　　　　　　　第1章・第2章
（てらおか　しんご）

　1964年生
　京都大学大学院文学研究科博士後期課程修了／博士（文学）
　奈良女子大学文学部教授
　＜主　著＞
　『よくわかる観光社会学』（ミネルヴァ書房，2011年／共編著）
　『観光メディア論』（ナカニシヤ出版，2014年／共編著）

＊工藤　保則　　　　　　　　　　　　　　　　　　　　　　　第2章
（くどう　やすのり）

　1967年生
　甲南大学大学院人文科学研究科博士後期課程単位取得退学／博士（社会学）
　龍谷大学社会学部教授
　＜主　著＞
　『カワイイ社会・学――成熟の先をデザインする』（関西学院大学出版会，2015年）
　『46歳で父になった社会学者』（ミシマ社，2021年）

＊宮垣　元　　　　　　　　　　　　　　　　　第3章・第12章・第13章
（みやがき　げん）

　1970年生
　慶應義塾大学大学院政策・メディア研究科博士後期課程単位取得退学／博士（政策・メディア）
　慶應義塾大学総合政策学部教授
　＜主　著＞
　『ヒューマンサービスと信頼――福祉NPOの理論と実証』（慶應義塾大学出版会，2003年）
　『その後のボランティア元年――NPO・25年の検証』（晃洋書房，2020年）

永井　良和　　　　　　　　　　　　　　　　　　　　　　　第4章
（ながい　よしかず）

　1960年生
　京都大学大学院文学研究科博士後期課程学修退学
　関西大学社会学部教授
　＜主　著＞
　『ホークスの70年――惜別と再会の球譜』（ソフトバンククリエイティブ，2008年）
　『定本　風俗営業取締り――風営法と性・ダンス・カジノを規制するこの国のありかた』
　　　　　　　　　　　　　　　　　　　　　　　　　　　　（河出書房新社，2015年）

阿部　真大 _{あ べ} _{まさひろ}　　　　　　　　　　　　　　　　　第5章

1976年生

東京大学大学院人文社会系研究科博士課程単位取得退学

甲南大学文学部教授

＜主　著＞

『居場所の社会学──生きづらさを超えて』（日本経済新聞出版社，2011年）

『地方にこもる若者たち──都会と田舎の間に出現した新しい社会』

（朝日新聞出版，2013年）

圓田　浩二 _{まる た} _{こう じ}　　　　　　　　　　　　　　　　　第6章

1969年生

関西学院大学大学院社会学研究科博士後期課程修了／博士（社会学）

沖縄大学経法商学部教授

＜主　著＞

『誰が誰に何を売るのか──援助交際にみる性・愛・コミュニケーション』

（関西学院大学出版会，2001年）

『社会学的フィールドワーク』（世界思想社，2004年／共著）

小林多寿子 _{こ ばやし た ず こ}　　　　　　　　　　　　　　　　　第7章

1956年生

大阪大学大学院人間科学研究科博士後期課程単位取得退学／博士（人間科学）

一橋大学大学院社会学研究科特任教授

＜主　著＞

『物語られる「人生」──自分史を書くということ』（学陽書房，1997年）

『ライフストーリー・インタビュー──質的研究入門』（せりか書房，2005年／共編著）

米澤　　泉 _{よねざわ} _{いずみ}　　　　　　　　　　　　　　　　　第8章

1970年生

大阪大学大学院言語文化研究科博士後期課程単位取得退学

甲南女子大学人間科学部教授

＜主　著＞

『私に萌える女たち』（講談社，2010年）

『「女子」の誕生』（勁草書房，2014年）

南田　勝也　みなみだ　かつや　　　　　　　　　　　　第9章
　　1967年生
　　関西大学大学院社会学研究科博士課程後期課程修了／博士（社会学）
　　武蔵大学社会学部教授
　　＜主　著＞
　　『ロックミュージックの社会学』（青弓社，2001年）
　　『オルタナティブロックの社会学』（花伝社，2014年）

山里　裕一　やまさと　ゆういち　　　　　　　　　　　　第10章
　　1964年生
　　関西大学大学院総合情報学研究科博士課程前期課程修了
　　広島修道大学人文学部教授
　　＜主　著＞
　　『メディア文化を読み解く技法――カルチュラル・スタディーズ・ジャパン』
　　　　　　　　　　　　　　　　　　　　　　　（世界思想社，2004年／共著）
　　『グローバル化による生活世界の変容』（いなほ書房，2022年刊行予定／共著）

村瀬　敬子　むらせ　けいこ　　　　　　　　　　　　　第11章
　　武庫川女子大学大学院生活環境学研究科博士後期課程修了／博士（生活環境学）
　　佛教大学社会学部現代社会学科准教授
　　＜主　著＞
　　『冷たいおいしさの誕生――日本冷蔵庫100年』（論創社，2005年）
　　『広告の夜明け――大阪・萬年社コレクション研究』（思文閣出版，2017年／共著）

藤本　憲一　ふじもと　けんいち　　　　　　　　　質的調査の広がり1
　　1958年生
　　大阪大学大学院人間科学研究科博士前期課程修了
　　武庫川女子大学生活環境学部教授
　　＜主　著＞
　　『ポケベル少女革命――メディア・フォークロア序説』（エトレ，1997年）
　　『戦後日本の大衆文化』（昭和堂，2000年／共編著）

西川　麦子　にしかわ　むぎこ　　　　　　　　　　質的調査の広がり2
　　1961年生
　　大阪大学大学院人間科学研究科博士後期課程単位取得退学／博士（人間科学）
　　甲南大学文学部教授
　　＜主　著＞
　　『ある近代産婆の物語――能登・竹島みいの語りより』（桂書房，1997年）
　　『バングラデシュ／生存と関係のフィールドワーク』（平凡社，2001年）

◪ **コラム執筆者**

<ruby>近森<rt>ちかもり</rt></ruby> <ruby>高明<rt>たかあき</rt></ruby>　　　　　　　　　　　　　　　COLUMN 1

　　1974年生

　　京都大学大学院文学研究科博士後期課程研究指導認定退学／博士（文学）

　　慶應義塾大学文学部教授

<ruby>岩渕<rt>いわぶち</rt></ruby><ruby>亜<rt>あ</rt></ruby><ruby>希<rt>き</rt></ruby><ruby>子<rt>こ</rt></ruby>　　　　　　　　　　　　　　　COLUMN 2

　　1976年生

　　大阪大学大学院人間科学研究科博士後期課程単位取得退学

　　追手門学院大学地域創造学部准教授

<ruby>栗田<rt>くりた</rt></ruby> <ruby>正和<rt>まさかず</rt></ruby>　　　　　　　　　　　　　　　COLUMN 3

　　1964年生

　　京都大学文学部卒業

　　朝日放送テレビ株式会社マーケティング局長

<ruby>井上<rt>いのうえ</rt></ruby> <ruby>忠司<rt>ただし</rt></ruby>　　　　　　　　　　　　　　　COLUMN 4

　　1939年生

　　京都大学大学院教育学研究科博士後期課程修了

　　元甲南女子大学人間科学部教授

<ruby>加藤<rt>かとう</rt></ruby> <ruby>文俊<rt>ふみとし</rt></ruby>　　　　　　　　　　　　　　　COLUMN 5

　　1962年生

　　ラトガース大学大学院コミュニケーション研究科 Ph.D. 課程修了／ Ph.D.（コミュニケーション）

　　慶應義塾大学環境情報学部教授

Horitsu Bunka Sha

質的調査の方法〔第3版〕
──都市・文化・メディアの感じ方

2010年2月5日　初　版第1刷発行
2016年12月20日　第2版第1刷発行
2022年1月25日　第3版第1刷発行

編　者　　工藤保則・寺岡伸悟・宮垣　元

発行者　　畑　　光

発行所　　株式会社 法律文化社

〒603-8053
京都市北区上賀茂岩ヶ垣内町71
電話 075（791）7131　FAX 075（721）8400
https://www.hou-bun.com/

印刷：共同印刷工業㈱／製本：新生製本㈱
装幀：仁井谷伴子
ISBN978-4-589-04190-6

©2022 Y. Kudo, S. Teraoka, G. Miyagaki
Printed in Japan

乱丁など不良本がありましたら，ご連絡下さい。送料小社負担にて
お取り替えいたします。
本書についてのご意見・ご感想は，小社ウェブサイト，トップページの
「読者カード」にてお聞かせ下さい。

近森高明・工藤保則編
無印都市の社会学
―どこにでもある日常空間をフィールドワークする―
A5判・288頁・2860円

どこにでもありそうな無印都市からフィールドワークを用いて，豊かな様相を描く。日常の「あるある」を記述しながら，その条件を分析することで，都市空間とその経験様式に対する社会学的反省の手がかりをえる。

池田太臣・木村至聖・小島伸之編著
巨大ロボットの社会学
―戦後日本が生んだ想像力のゆくえ―
A5判・222頁・2970円

アニメ作品の世界と，玩具・ゲーム・観光といったアニメを超えて広がる巨大ロボットについて社会学のアプローチで分析。日本の文化における意味・位置づけ，そしてそれに託して何が描かれてきたのかを明らかにする。

田中研之輔著
丼　家　の　経　営
―24時間営業の組織エスノグラフィー―
四六判・246頁・2860円

社会学の手法を用いて描き出すドキュメンタリー。働く人びとに経験的に寄り添うことで現場のリアルを追体験。各店舗の問題を社会的変化と結びつけて考えることで，本質を見抜き打開する戦略を立てるための素地を築く。

西村大志・松浦雄介編
映画は社会学する
A5判・272頁・2420円

映画を用いて読者の想像力を刺激し，活性化するなかで，社会学における古典ともいうべき20の基礎理論を修得するための入門書。映画という創造力に富んだ思考実験から，人間や社会のリアルを社会学的につかみとる。

轟　亮・杉野　勇・平沢和司編
入門・社会調査法〔第4版〕
―2ステップで基礎から学ぶ―
A5判・272頁・2750円

調査の基本原理をおさえた量的調査の定評書の最新版。インターネット調査の記述を整理，研究倫理の拡充など，旧版刊行（2017年）以降の動向を盛り込み最新の研究を紹介。社会調査士資格取得カリキュラムA・B・Gに対応。

津島昌寛・山口　洋・田邊　浩編
数学嫌いのための社会統計学〔第2版〕
A5判・230頁・2970円

社会統計学の基本的な考え方を丁寧に解説した定評書がさらにわかりやすくヴァージョンアップ。関連する社会学の研究事例を紹介することで，嫌いな数学を学ぶ意義を示す。社会調査士資格取得カリキュラムC・Dに対応。

―――――― 法律文化社 ――――――

表示価格は消費税10％を含んだ価格です